WASHI

Cuentos de la Alhambra

Adaptación de
ELISA CRIADO

tef

Colección «Textos en Español fácil»

SOCIEDAD GENERAL ESPAÑOLA DE LIBRERÍA, S. A.
Evaristo San Miguel, 9
MADRID - 8

Colección «Textos en Español fácil»
dirigida por el Prof. Manuel Criado de Val.
Nivel elemental.
Edad: A partir de 11 años.

© S. G. E. L. Madrid, 1978

ISBN 84-7143-175-0
Depósito legal: M. 38099 - 1978

Printed in Spain - Impreso en España

Selecciones Gráficas
Carretera de Irún, km. 11,500
Madrid (1978)

CUENTOS DE LA ALHAMBRA

CAPÍTULO I

Acompañado por un amigo, en la primavera del año 1829, hice un viaje desde Sevilla a Granada. La casualidad* nos había reunido y, como teníamos las mismas aficiones*, decidimos* viajar juntos por las montañas de Andalucía. Si este libro llega a sus manos le recordarán nuestro viaje y a un amigo que no le olvida.

* * *

Antes de empezar la historia de este viaje quiero decir el aspecto* de España y la forma de viajar en este país.

Casi* todo el mundo se imagina* que España es un país suave*, dulce, pero es un país áspero* y melancólico*, aunque* las provincias* de la costa* son más alegres. Hay muchas montañas y llanuras* sin árboles, aisladas*. No hay aves*, por la falta de árboles, y esto aumenta* la soledad. Se ven buitres* y águilas* volar alrededor* de los picos* de las montañas. Pero esa gran cantidad de pájaros que hay en otros países no se encuentran aquí. Sólo los hay en algunas provincias españolas y casi siempre en las huertas* y jardines que rodean las casas.

En las provincias del interior* de España hay grandes campos sembrados*. Lejos, se ven algunos pequeños pueblos sobre las colinas*. Pero, aunque una gran parte de España no tiene árboles y los campos están sin sembrar, su paisaje* tiene una nobleza* parecida a la de sus habitantes*. Las grandes llanuras de Castilla* y de la Mancha* tienen la belleza del mar. Se ven rebaños* con un solitario pastor*, inmóvil*, con un palo largo y delgado. También se ven mulos* marchando lentamente y, de cuando en cuando, pasa un campesino* solo, con una escopeta* y un puñal* por el peligro que hay en estas tierras [1].

Los viajes se hacen siempre en compañía de otras personas, pues así los peligros son menores*. Se llevan armas* y sólo algunos días se puede viajar.

Los hombres encargados* de los caballos saben muchas canciones con las que se divierten* en sus viajes. Son canciones sencillas* y las cantan sentados sobre sus mulos. La letra de estas canciones son casi siempre historias* de moros*, de algún santo* o de amor. Otras veces hablan de algún bandido* y muy a menudo* inventan* sus canciones al ver el paisaje o por algo que ocurre* durante el viaje. Esta facilidad para inventar canciones es muy característica* en España y es muy agradable escucharlas acompañadas por el sonido de las campanillas* de las mulas.

* * *

Ya estábamos muy cerca del antiguo reino* de Granada, una de las regiones con más montañas de España. Sus tierras* no tienen árboles ni vegetación*, pero sus valles* son verdes y tienen muchas higueras*, naranjos y limoneros* que crecen junto a los rosales*.

---

[1] El autor se refiere a la época en que escribió *Los Cuentos de la Alhambra*.

En estas montañas hay pequeños pueblos, hechos como los nidos* de las águilas, colgados* entre las rocas* y rodeados de murallas*. Al verlos, nos imaginamos las guerras entre moros y cristianos y la lucha por la conquista* de Granada.

Al atravesar* estas montañas teníamos que bajarnos de los mulos y llevarlos por las laderas junto a horrorosos* precipicios*, donde se esconden los bandidos.

Otras veces, al pasar un estrecho valle, se ven toros. Yo he sentido miedo y placer* viendo de cerca a estos animales, que tienen una gran fuerza y belleza. Casi nunca ven a la gente*, ni conocen a nadie* más que al pastor que los cuida y que muchas veces también tiene miedo de acercarse a ellos.

* * *

Mi amigo y yo salimos de Sevilla hacia Granada el día 1 de mayo. Deseábamos hacer este viaje por las montañas y por caminos menos peligrosos.

Una parte* de nuestro equipaje* lo habíamos enviado a Granada llevando solamente con nosotros lo necesario para el viaje y un poco de dinero.

Llevábamos dos fuertes caballos y otro caballo más para nuestro sencillo equipaje y para un fuerte muchacho vizcaíno*, que tenía veinte años. Era nuestro guía* por todos aquellos difíciles caminos y cuidaba de los caballos. También llevaba una escopeta para defendernos, y algunas veces hacía de criado*. Era fiel*, divertido, bueno y decía tantos refranes* como el famoso* criado de don Quijote, Sancho Panza.

Preparados*, nos pusimos en camino ² esperando que fuera un viaje agradable.

* * *

---

² nos pusimos en camino=empezamos el viaje; partimos.

Llegamos al anochecer* a un pequeño pueblo de la sierra, donde llegamos mojados por la lluvia.

Fuimos a la posada* y allí había varios guardias* que estaban buscando a unos delincuentes*.

La llegada de extranjeros en este pequeño pueblo no era muy frecuente* y el dueño de la posada con otros dos viejos* y un guardia tomaron nota[3] de nuestros pasaportes. Como los pasaportes no estaban escritos en español, se quedaron muy asombrados*, pero nuestro ayudante vizcaíno, Sancho, les ayudó y les dijo que nosotros éramos muy importantes[4]. Además, regalamos unos cigarrillos y todo el mundo[5] nos ayudó a instalarnos* cómodamente*.

Fue a vernos el alcalde* del pueblo y la mujer del dueño nos llevó a nuestra habitación un sillón*.

El jefe de los guardias cenó* con nosotros. Era un andaluz* muy hablador y alegre, que había estado en la guerra de América del Sur. Nos contó sus aventuras*, haciendo muchos gestos*. También nos ofreció algunos guardias para acompañarnos en el viaje. Le agradecimos* su ofrecimiento, pero le dijimos que con nuestro ayudante teníamos bastante*.

Mientras cenábamos, oímos una guitarra, el ruido de unas castañuelas* y varias personas cantando una canción popular*. El dueño de la posada había reunido* a las personas aficionadas a cantar y a las muchachas del pueblo para hacer una fiesta* en nuestro honor[6].

Nos sentamos todos en el patio* y la guitarra pasó de mano en mano[7]. Había un joven que tocaba* muy bien la guitarra y cantaba canciones de amor mirando

---

[3] tomaron nota=escribieron los datos de nuestros pasaportes.

[4] éramos muy importantes=personas con dinero, con relieve social, con poder.

[5] todo el mundo=todas las personas que había allí.

[6] en nuestro honor=para celebrar nuestra llegada.

[7] de mano en mano=varias personas tomaron la guitarra, una después de otra.

a las muchachas y después bailó con verdadera gracia* andaluza.

De las muchachas, la más bonita* era la hija del dueño de la posada. Se había puesto unas flores en la cabeza y bailó con un soldado*.

Dijimos al posadero que diera vino a todo el mundo. Era una escena* digna de un pintor [8]. Bailarines, soldados, campesinos y el alguacil* con su capa* corta de color negro.

*   *   *

Continuamos nuestro viaje conociendo a personas de todas las clases sociales [9]. Ésta es la mejor forma de viajar por España, conociendo las humildes* posadas y atravesando los lugares solitarios*.

Al partir*, nos llevamos comida y la bota* llena de vino. Durante el viaje, nuestro ayudante guardaba todo lo que sobraba* de nuestras cenas en las posadas para comer durante el día. ¡Qué buenas meriendas* hacíamos sobre la hierba* a la orilla* de un arroyo* o de una fuente! ¡Qué agradables siestas* tumbados sobre nuestras mantas puestas sobre la hierba!

Un día estábamos merendando a la caída de la tarde [10] en una pradera*, cuando se nos acercó un anciano mendigo* con barba* blanca y con un bastón de madera. Era alto, delgado y con hermosas facciones*. Llevaba un sombrero andaluz [11]; su vestido, aunque viejo, era limpio y su aspecto era noble. Nos habló con mucha educación*. Le dimos unas monedas*, un pan y un vaso de nuestro buen vino de Málaga. Se lo bebió y dijo:

---

[8] digna de un pintor = la escena era tan bonita que merecía ser pintada en un cuadro.

[9] clases sociales = personas pobres y ricas.

[10] caída de la tarde = al anochecer, cuando termina la luz del día.

[11] sombrero andaluz = sombrero de ala ancha, usado en Andalucía.

—Ya hace muchos años que no bebía un vino como éste. Es muy bueno* para el corazón de un viejo.

Le invitamos a comer el pan con nosotros, pero no quiso.

—No, señores —nos dijo—; el vino lo he bebido aquí, pero el pan me lo llevo a mi casa para mi familia.

Le dimos una parte de nuestra merienda para que se la llevase y también para que comiera algo sentado con nosotros. Se sentó a poca distancia* y empezó a comer despacio, como una persona bien educada. Además su forma de hablar, aunque sencilla, era poética*. Pensé que sería una persona arruinada*, pero me equivoqué. Nos dijo que había sido pastor durante cincuenta años.

—Cuando era joven, siempre estaba bueno* y alegre; pero ahora tengo setenta y nueve años, soy pobre* y mi corazón empieza a estar débil*.

Hacía poco tiempo que estaba en esta situación* y nos contó su lucha por seguir teniendo dignidad siendo pobre.

El anciano iba camino de su pueblo, Archidona*, que está encima de una montaña. Señalando* con el dedo las ruinas* de un castillo* árabe, nos dijo:

—«En aquel castillo vivió un rey moro durante la conquista de Granada. La reina Isabel la Católica atacó con un gran ejército* mientras el rey moro miraba desde su castillo a la Reina con su ejército y se reía. Se apareció* la Virgen a la Reina y llevó a su ejército por un camino de la montaña que nunca se ha vuelto a encontrar. Cuando el rey moro vio llegar a la Reina se quedó asombrado y, saltando con su caballo por un precipicio, se hizo pedazos*. Las huellas* de las herraduras* de su caballo todavía se pueden ver en las rocas. Ése es el camino por donde subió la Reina y su ejército. El misterio* es que ese camino se ve desde lejos, pero de cerca* no se puede ver.

Después, el viejo nos contó otra historia de un misterioso tesoro*, escondido debajo del castillo del rey moro, al lado de su casa.

* * *

Continuamos el viaje y salimos de las montañas. Llegamos a la hermosa vega* de Granada. Allí hicimos la última merienda, a la sombra de unos árboles y a la orilla de un pequeño río. Lejos, se veía la vieja ciudad mora. El cielo estaba sin nubes y el calor del sol no era fuerte, por el aire fresco* de Sierra Nevada. Después de la comida extendimos nuestras mantas y dormimos nuestra última siesta oyendo el vuelo de las abejas* entre las flores.

Cuando pasaron las horas del calor, continuamos el viaje y, después de pasar por muchas huertas, llegamos al anochecer a Granada.

CAPÍTULO II

El gobernador* de Granada nos dio permiso* para vivir en las habitaciones vacías* del palacio moro. Nos alegramos mucho y, aunque mi amigo se marchó poco después por asuntos* de su trabajo, yo me quedé algunos meses en el viejo palacio.

¡Cuántas historias y leyendas*, cuántas canciones españolas y árabes, de guerra y de amor, se han hecho de las torres de la Alhambra! Las siguientes páginas son el resultado* de mis pensamientos y mis investigaciones*.

Gobierno de la Alhambra

La Alhambra es una antigua fortaleza* o palacio amurallado* de los reyes moros de Granada y desde allí dominaban* su última propiedad en España. Dentro de la Alhambra podía estar un ejército de 40.000 hombres.

Después de que el reino de Granada pasó a poder de los cristianos, la Alhambra fue algunas veces vivienda de sus reyes. El emperador Carlos V hizo un palacio dentro de sus murallas que no se terminó por los terremotos* que hubo.

El último rey español que vivió en la Alhambra fue Felipe V y su hermosa esposa Isabel de Parma, en los primeros años del siglo XVIII. Se hicieron muchos preparativos para la llegada de este Rey y su esposa y algunas habitaciones del palacio se decoraron* por artistas que vinieron de Italia.

Los Reyes estuvieron muy poco tiempo y, después de su marcha, el palacio volvió a su abandono* y su soledad.

Vivían en la Alhambra militares*, y el gobernador tenía también allí sus habitaciones.

La fortaleza tenía dentro una pequeña ciudad, con algunas casas, un convento* y una iglesia.

Al marchar los reyes, quedó la Alhambra en ruinas, los jardines se destruyeron* y las fuentes se quedaron sin agua.

Poco a poco [12] las viviendas fueron habitadas por delincuentes y ladrones que hicieron allí su refugio*, pero el gobernador echó a esta gente y sólo dejó vivir allí a las personas honradas*.

Ahora hay unos pocos soldados que vigilan las torres que sirven para prisiones* y el gobernador vive en Granada.

* * *

Al día siguiente de llegar a Granada, fuimos a la Alhambra. Entramos por una puerta hecha por el emperador Carlos V.

---

[12] Poco a poco=Lentamente, despacio, una después de otra.

La Alhambra, vista desde el Albaicín.

Estaban en la puerta dos o tres soldados mal vestidos, casi dormidos, sentados en una piedra*. Había un hombre, alto, delgado y vestido con una capa sucia* de color marrón, que estaba tomando el sol [13] y hablando con un soldado. Nos ofreció enseñarnos la Alhambra.

—¿Conoce usted bien este lugar? —le pregunté.

—Sí, señor, pues he nacido aquí.

Su familia vivía desde hacía muchos años dentro de la fortaleza y Mateo Giménez, que así se llamaba, nos dijo que eran los más antiguos* de la Alhambra.

Íbamos por un estrecho* camino con hermosos árboles y había varios pequeños caminos alrededor con asientos* de piedra y fuentes. A la izquierda estaban las torres de la Alhambra y a la derecha se veían otras torres. Nos dijeron que eran las Torres Bermejas*, llamadas así por su color rojo. Son anteriores* a la Alhambra y creen que están hechas por los romanos*.

Llegamos a la Puerta de la Justicia, y se llama así porque allí tenían un Tribunal* los árabes.

Entramos al gran vestíbulo* que tiene un arco* muy grande. En medio de este arco hay grabada* una gigantesca* mano y dentro hay también grabada una gigantesca llave.

Nos dijo Mateo, nuestro guía, que cuando la gran mano tome la llave, se hará pedazos la Alhambra y se verán los tesoros que escondieron los moros.

Llegamos a una explanada* dentro de la fortaleza, que tiene debajo grandes depósitos* para agua, hechos por los moros en las rocas. Hay también un pozo* muy profundo*, que tiene agua fresca y clara*.

Frente a esta explanada está el palacio sin terminar de Carlos V y, pasando por delante de él, entramos en un sencillo portal para ir al palacio moro.

---

[13] tomando el sol=recibiendo el calor del sol.

Parecía que estábamos en otros tiempos[14]. Había un gran patio con el suelo de mármol *. En medio*, un estanque* muy grande, lleno de peces*, y alrededor muchas rosas. Se llama el patio de La Alberca*.

Desde allí, por un arco se pasa al famoso Patio de los Leones. No hay un sitio más hermoso que éste, pues, aunque ha pasado mucho tiempo, no se ha estropeado*.

En el centro hay una fuente, y por los 12 leones que la sostienen sale el agua como en tiempos del rey Boabdil*. El suelo está cubierto por hierbas y hay arcos sostenidos por columnas* de mármol blanco.

Por un lado del Patio de los Leones se pasa a un hermoso salón* con el suelo de mármol blanco, que se llama la Sala de las Dos Hermanas. En el techo* hay una ventana* por donde entra la luz y el aire. Las paredes* tienen bonitos azulejos* moros y el techo es dorado*. A los lados de este salón hay pequeñas habitaciones, donde estaban las camas. Cerca hay un balcón*, por el que se llega a las habitaciones de las mujeres, y desde allí podían ver, con sus bellos ojos negros, sin que nadie lo supiera, las fiestas de la sala de abajo. Nos imaginábamos que por allí estaban las bellas princesas asomadas al balcón.

Al otro lado del Patio de los Leones está la Sala de los Abencerrajes*, llamada así porque allí fueron asesinados* los caballeros de este nombre. Nuestro guía, Mateo, nos señaló la puerta por donde entraron y la fuente de márbol blanco, en el centro de la Sala, donde fueron degollados*. Nos enseñó también unas grandes manchas* de color rojo en el suelo, que, según la tradición*, no se borrarán nunca. También nos dijo que por las noches se oían las voces y el ruido de las cadenas* de los caballeros asesinados. Nosotros pensamos que ese ruido sería del agua que pasa por debajo del suelo.

---

[14] en otros tiempos=en el pasado, en otra época.

Pasamos después a la Torre de Gomares, llamada así en recuerdo de su arquitecto*. Es la más alta de todo el edificio y dentro está la gran sala de audiencia* de los reyes árabes y que se llama Sala de Embajadores*. Sus paredes están decoradas y el techo es de madera, conservando todavía los dorados que tenía. En tres lados del salón hay balcones, desde donde se ve el verde valle del río Darro, las calles y los conventos del barrio* del Albaicín y la lejana* vega.

Hay varias habitaciones muy bellas, como el Tocador* de la Reina, que está en lo alto de una torre, desde donde las reinas moras tomaban el aire puro [15] de las montañas y veían el maravilloso paisaje; el pequeño patio o «Jardín de Lindaraja», con su fuente, sus rosales, naranjos y limoneros y los frescos salones de «Los Baños».

El agua, que llega desde las montañas por viejos acueductos* moriscos, pasa por el interior del Palacio, llenando sus estanques, baños y surtidores* que hay en medio de las habitaciones. A través de la alameda* también llega el agua hasta los arroyos y fuentes de la ciudad.

Solamente las personas que viven en las calurosas* provincias del Sur de España pueden darse cuenta de la maravilla que es este Palacio, donde el aire de las montañas llega a sus salones con el olor de los jardines, mientras que en la ciudad el calor del mediodía es muy fuerte.

* * *

El lector* tiene ya una idea del interior de la Alhambra y ahora diremos cómo son sus alrededores.

Una mañana temprano, cuando el sol no calentaba todavía, subimos a la Torre de Gomares para ver desde allí el paisaje de Granada y sus alrededores.

---

[15] aire puro=aire sin contaminar por el humo de las ciudades.

Calle típica del Albaicín.

Por una estrecha escalera, casi sin luz, se llega hasta la torre. Por esta misma escalera subieron los orgullosos* reyes y reinas de Granada para ver cómo se acercaban los ejércitos cristianos o las batallas* en la vega.

Por un lado, el paisaje tiene ásperas rocas, valles y llanuras muy verdes; por otro lado, se ve algún castillo, la catedral, torres moriscas, ruinas y alamedas. Se oye el agradable ruido del agua del cercano molino* morisco. Se ve también un paseo* con árboles, donde van las parejas* en las noches de verano y donde suena alguna guitarra hasta muy tarde.

Muy lejos, vemos varias montañas junto a la vega. Es la antigua frontera* entre la Granada musulmana y la tierra de los cristianos. En la cima* de las montañas todavía quedan ruinas de sus fortalezas. Entre estas montañas pasó el ejército cristiano hasta llegar a la vega.

También se ve en la lejanía la ciudad de Santafé, fundada por los Reyes Católicos [16] durante la conquista de Granada, después de quemarse su campamento*. Aquí fue donde la reina Isabel la Católica llamó a Cristóbal Colón y hablaron del descubrimiento de América.

Miramos este bello paisaje y bajamos de la torre a refrescarnos* junto al Patio de los Leones.

CAPÍTULO III

Mi familia en la Alhambra

Contaré cómo me instalé en la Alhambra:

El Palacio Real de la Alhambra lo cuidaba* una señora soltera*, anciana y muy bondadosa, doña Anto-

---

[16] Reyes Católicos = Isabel I de Castilla y Fernando V de Aragón.

nia Molina. Según la costumbre* en algunos pueblos españoles, sus vecinos* la llamaban «tía» Antonia [17]. Cuidaba las habitaciones moras, los jardines y enseñaba el palacio a los extranjeros, que le daban algún dinero. También podía tomar la fruta* y flores de los jardines, aunque tenía que dar una cantidad al gobernador. Sus habitaciones las tenía en un lado del Palacio y vivía con ella un sobrino y una sobrina, hijos de dos hermanos diferentes. El sobrino, Manuel Molina, era un joven serio*, que había servido en el ejército español y en América. Cuando yo le conocí, estudiaba medicina y tenía la esperanza* de llegar a ser el médico de la fortaleza. La sobrina era una joven fuerte, andaluza, de ojos negros y muy alegre. Se llamaba Dolores* y era la heredera* de los bienes* de su tía. También había un muchacho, rubio, tímido* y tartamudo* llamado Pepe [18], que cuidaba los jardines. Al poco tiempo de vivir allí, descubrí que los dos primos* estaban enamorados* y sólo esperaban para casarse que él fuera médico y que el Papa* diera permiso para la boda [19].

Doña Antonia hacía mi comida y cuidaba mi habitación y por este motivo* la alegre y bonita Dolores me servía de camarera* a las horas de comer.

Mi ayudante*, Mateo Jiménez, el que nos enseñó la Alhambra el primer día que llegamos, era incansable* y estaba siempre a mi lado, conocía todos mis asuntos y logró ser mi criado, guía y hasta historiador*. Le compré una chaqueta* para que no llevara su vieja capa y también le compré un sombrero andaluz. Estaba muy contento y sus amigos le admiraban. El mayor de-

---

[17] «tía» Antonia = «tía» no tiene el significado de pariente, la hermana del padre o la madre. Es una forma popular de llamar a las personas entre la clase humilde.
[18] Pepe = Nombre de José.
[19] diera el Papa el permiso = por ser primos, la Iglesia no autoriza la boda sin el permiso del Papa.

fecto* que tenía Mateo era su gran deseo de ser útil*, de ayudarme en todo. El sabía que yo no le necesitaba mucho y, debido a mi carácter* pacífico*, pensó que gracias a mí tendría un sueldo* seguro y trataba de adivinar* todos mis deseos. No podía andar por la fortaleza sin que él no me siguiera, explicándome todo lo que veían mis ojos, y si decidía ir por los alrededores, Mateo me servía de guía y guardián. De todas formas [20] el muchacho me divertía, pues tenía buen carácter, buen humor* y conocía a toda la vecindad*. Estaba orgulloso de conocer todas las tradiciones de la Alhambra y delante de cada torre me contaba maravillosas historias que había aprendido de su abuelo*, que era sastre*. Vivió casi cien años y sólo salió de la fortaleza dos o tres veces. En su casa se reunían todos los viejos de la ciudad, que se pasaban muchas horas hablando de las historias y secretos de la Alhambra.

* * *

Cuando me levantaba por la mañana, Pepe, que cuidaba el jardín, me regalaba flores recién* cogidas, que en seguida Dolores ponía en mi habitación. Comía donde quería, unas veces en una sala morisca y otras en el Patio de los Leones, entre flores y fuentes. Cuando deseaba pasear, me acompañaba Mateo por los sitios más bellos y románticos*, donde siempre había ocurrido alguna historia maravillosa.

Aunque me gustaba estar solo, algunas veces iba a casa de doña Antonia, cuando se reunía toda la familia. Nos sentábamos en una vieja sala morisca que servía de cocina y comedor. En un rincón* había una chimenea* y un balcón sobre el valle, por donde entraba el

---

[20] De todas formas = De todas maneras, aunque tuviera defectos me divertía.

aire fresco de la tarde. Allí era donde yo cenaba fruta y leche, mientras hablaba con la familia.

Doña Antonia era una mujer discreta*, inteligente y nada vulgar*, aunque sin cultura*. Su sobrina, Dolores, aunque no había leído más de tres o cuatro libros en toda su vida, era inteligente.

El sobrino nos divertía leyendo alguna comedia*, aunque creo que lo hacía por divertir a su prima, que terminaba quedándose dormida.

Algunas veces doña Antonia reunía a sus amigos y familiares, que también vivían en la Alhambra. Todos respetaban mucho a doña Antonia por ser conserje* del Palacio y le daban noticias de todo lo que sucedía en la fortaleza o en Granada.

Oyendo a todas estas personas me enteré de muchas historias y tradiciones, que me hicieron recordar mi infancia*, cuando leía las guerras de Granada y deseaba ver la Alhambra. Por fin había conseguido mi sueño y vivía en el mismo Palacio del rey Boabdil.

* * *

Al quedarme en la Alhambra me arreglaron* unas cuantas habitaciones modernas, que ya habían servido para vivienda* del Gobernador. Comunicaban con otras habitaciones, algunas moriscas y otras modernas, como la vivienda de doña Antonia. Yo no estaba contento con estas habitaciones modernas y deseaba trasladarme* al interior del edificio.

Me paseaba un día por los salones moriscos, cuando encontré una puerta que nunca había visto. Pensé que allí habría algún misterio y que sería el sitio encantado* de la fortaleza. Pedí la llave y encontré dos magníficas* habitaciones vacías, de estilo* europeo*. Las paredes habían estado decoradas con damasco* y ahora estaban llenas de las firmas* de los turistas. Por las ventanas rotas y abiertas entraban las ramas* de los naranjos y limoneros del jardín. Al lado de estas habitaciones había otros dos salones más sencillos y también con las ventanas rotas. Estas habitaciones tenían una terraza* sobre el jardín y todo tan misterioso que quise conocer su historia.

Después de varias preguntas, me enteré de que era un departamento decorado por artistas italianos a principios del siglo XVIII, en la época de Felipe V y su esposa Isabel de Parma, con motivo de su llegada a Granada. Estaba destinado a la reina y una de estas habitaciones fue su dormitorio. Hay una estrecha escalera, ahora cerrada, que conduce al Mirador* de las reinas moras. Fue preparado para «Tocador de la Reina» y éste es el nombre que conserva todavía.

Miraba el hermoso jardín y decidí trasladar allí mi vivienda. Esta decisión sorprendió a doña Antonia y a su familia, que no comprendían que me gustara un lugar tan solitario y abandonado. Doña Antonia pensó que era peligroso, pues cerca estaban las cuevas* de los gitanos y, como el Palacio estaba en ruinas, era fácil subir por muchos sitios.

Dolores me recordó la soledad de la noche, que había murciélagos*, una zorra* y un gato salvaje que andaban por allí durante la noche.

Llamé a un carpintero* y a mi ayudante Mateo para que arreglaran las puertas y ventanas; pero, a pesar de todas estas precauciones*, la primera noche que pasé en estas habitaciones fue triste.

Me acompañaron hasta mi cuarto* toda la familia, y cuando se marcharon por aquellas solitarias salas y me dejaron solo, me sentía* triste, pensando en que todo allí eran recuerdos y pasado*. Sentí miedo recordando lo que me habían dicho de los ladrones. Cerré las ventanas de mi dormitorio, pero en todas partes veía cosas y ruidos fantásticos*. Un murciélago se metió en la habitación y volaba alrededor mío.

22

Habitación de Washington Irving.

Decidí acabar con el miedo y salí con la lámpara* para dar un paseo por el Palacio. Mi lámpara no daba mucha luz y todo a mi alrededor era oscuridad. Mi cuerpo se dibujaba en las paredes y el ruido de mis pasos* me hacía temblar* de miedo.

Atravesaba el salón de Embajadores, cuando oí unos ruidos que no eran imaginación mía. Quejidos* y confusas palabras parecían salir de debajo de mis pies. Parecían aullidos* de algún animal, o lejanos gritos. Estos ruidos me quitaron el deseo de seguir mi paseo. Volví a mi habitación rápidamente y me sentí más tranquilo* cuando cerré la puerta.

Cuando desperté vi que el sol entraba por mi ventana y que iluminaba* todo el edificio. Recordé las sombras y ruidos de la noche pasada y pronto tuve la explicación de ellos, pues mi camarera Dolores me contó su causa. Un hermano de su tía, doña Antonia, tenía violentos* ataques* y estaba encerrado* en una habitación debajo del Salón de Embajadores, donde yo había estado la noche anterior.

CAPÍTULO IV

Los habitantes de la Alhambra

Después de pasar varias noches, mis habitaciones me parecían más bonitas, pues la luna fue apareciendo poco a poco y su luz iluminaba el jardín y las torres. Los naranjos y los limoneros parecían de plata* y las fuentes reflejaban* en sus aguas la luz de la luna.

Yo estaba muchas horas asomado* a mi ventana, pensando en todas aquellas personas que habían vivido allí, y algunas noches me paseaba por todo el edificio. La atmósfera* de una noche de verano en Andalucía es maravillosamente limpia y el resplandor* de la luna en la Alhambra parece mágico*, pues todos los defectos desaparecen y sólo queda su belleza.

* * *

En la Alhambra vivían mendigos y familias muy pobres, que se instalaban en los dorados salones en compañía de los búhos* y murciélagos, colgando sus ropas* rotas* y viejas en las ventanas. Uno de estos nuevos habitantes de la Alhambra era una viejecita, que tenía el apodo* de «la Reina Coquina». Era tan pequeña* que parecía una bruja* y nadie sabía de dónde venía. Su habitación estaba debajo de una escalera del Palacio y se sentaba en las frías piedras del suelo, cosiendo* y cantando desde la mañana hasta la noche. Gastaba bromas [21] a todas las personas que pasaban por allí, pues, aunque era muy pobre, era una vieja muy alegre. Sabía muchos cuentos y alguno de ellos se los oí contar en casa de doña Antonia. Esta vieja, aunque era muy pequeña, muy fea y muy pobre, tenía la suerte* de haber tenido cinco maridos y medio*. El medio marido era un soldado que murió antes de casarse con ella, cuando eran novios*.

Pero esta viejecita tenía un rival*, un viejo orgulloso, vestido muy pobremente y con un sucio sombrero. Vivía en la Alhambra toda su vida y trabajaba en varios oficios*: sacristán*, guardián, etc. Era muy pobre, pero muy orgulloso, pues decía ser de una ilustre* familia.

Mi ayudante Mateo también vivía allí con su esposa y numerosos* hijos. Su mujer bajaba los domingos a pasear por Granada, con un niño en brazos y seis más detrás. La hija mayor*, que ya era una jovencita*, se ponía flores en el pelo* y bailaba alegremente tocando

---

[21] Gastaba bromas = Decía cosas humorísticas, divertidas.

las castañuelas. Los españoles pobres tienen bastante con tener la sombra de un árbol en verano y el sol en invierno, un poco de pan, ajos, aceite, garbanzos*, una capa y una guitarra. Con esto son felices.

Los habitantes de la Alhambra son así y creen que esta tierra es el Paraíso Terrenal [22]. Nada tienen, nada hacen, pero nada les preocupa*. Celebran* los días de fiesta bailando en Granada y en sus alrededores, encienden hogueras* el día antes de San Juan y bailan toda la noche cuando recogen su pequeña cosecha* de trigo que tienen sembrado dentro de la fortaleza.

El Patio de los Leones

Este antiguo y fantástico palacio hace recordar el pasado y yo me paseaba feliz por estos lugares imaginando a los reyes moros viviendo allí, paseando como yo, por el Patio de los Leones y los salones cercanos. En esta parte del palacio se conservan mejor los adornos* moriscos, elegantes y brillantes. Los terremotos han movido los cimientos* de esta fortaleza y han agrietado* sus fuertes muros, pero ni una sola de sus delegadas columnas se ha movido ni se ha caído ninguno de sus arcos. Todo se conserva después de siglos como si acabasen de terminarlo.

Escribía yo una mañana en el Salón de los Abencerrajes, donde está la fuente manchada de la sangre de aquellos importantes caballeros que degollaron. ¡Era difícil imaginar la sangre y la muerte en aquella tranquila mañana! Todo allí era suave y bello. Con un poco de imaginación, era fácil ver pasear a alguna hermosa y pensativa* mujer del harén*.

Al atardecer estuve un día en la Sala de la Justicia, donde se celebró delante de los Reyes Cató-

---

[22] Paraíso Terrenal = Lugar donde Dios puso a Adán y Eva, y después les echó por cometer el «pecado original».

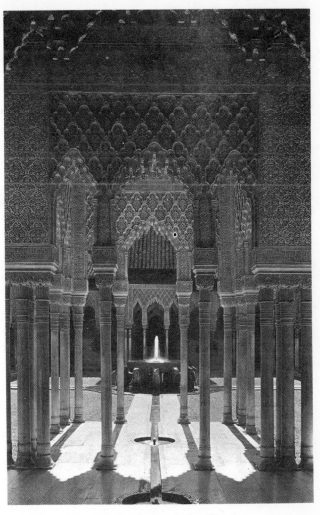

Patio de los Leones de la Alhambra.

licos, Isabel y Fernando, una misa*, al tomar posesión[23] de la Alhambra. Todavía puede verse la cruz donde se puso el altar*. Me imaginaba yo la escena, en esta gran sala, con las banderas, los reyes, los obispos*, frailes y caballeros con armas y vestidos de seda. También me imaginaba a Cristóbal Colón, el que sería descubridor del Nuevo Mundo, humilde y olvidado espectador* de la fiesta, en un rincón de la sala.

A los pocos días volví al Patio de los Leones y me sorprendí mucho al ver un moro con turbante*, sentado junto a la fuente. Pensé que sería imaginación mía, pero en seguida vi que era una realidad. Este moro tenía una tienda en Granada, donde vendía hierbas y perfumes. Hablaba muy bien el español y me pareció inteligente. Me dijo que en el verano venía a pasar parte del día en la Alhambra, pues le recordaba los palacios de su tierra, aunque no eran tan magníficos.

Mientras nos paseábamos por el Palacio, me dijo, señalando algunas inscripciones* árabes, que cuando los moros dominaban Granada eran muy alegres y que sólo pensaban en el amor, en la música y en la poesía. Hacían versos* con mucha facilidad y los cantaban con música. Estas personas tenían la seguridad de poder vivir muy bien, pues en aquella época, cuando un pobre pedía pan, se le decía que hiciera una canción y entonces le daban una moneda de oro.

—Y esa afición a la poesía —le pregunté—, ¿se ha perdido completamente entre ustedes?

—No, señor; la gente de mi país todavía hace versos. Pero ahora ya no se recompensa* como antes. El rico prefiere el dinero a la poesía y la música.

Estábamos hablando cuando vio una inscripción donde decía que «la gloria y el poder de los reyes árabes sería eterna». El moro dijo:

---

[23] tomar posesión = hacerse cargo.

—Así sería y los árabes todavía estarían aquí, en la Alhambra, si Boabdil no hubiera sido un traidor* y no hubiera entregado la ciudad a los cristianos, pues los Reyes Católicos nunca hubieran podido tomarla por la fuerza.

Yo quise defender al desdichado Boabdil diciendo que tuvo la culpa su padre, pero el moro contestó:

—Muley Hassan era cruel*, pero fue valiente, activo* y fiel. Si le hubieran ayudado, Granada sería todavía nuestra, pero su hijo Boabdil destrozó sus planes*, su poder y llenó de traición su palacio. ¡Maldito sea por traidor!

Y después de decir estas palabras el moro se marchó. Al escuchar sus palabras recordé que todavía hay árabes que piden a Alá que Granada vuelva a su poder y creen que esto llegará algún día. Conservan los planos* y escrituras* de las tierras y jardines de sus antepasados* que vivieron en Granada y las enseñan como prueba de su derecho a vivir en esta ciudad.

CAPÍTULO V

Boabdil el Chico

Mi conversación con el moro en el Patio de los Leones me hizo pensar en la vida de Boabdil. Sus súbditos* le llamaron Boabdil «el Desgraciado*»; y era verdad, pues ya desde su nacimiento tuvo muchas tristezas.

Durante su infancia estuvo en prisión* y su propio padre quiso matarle. Le salvó de morir su madre, y pasados algunos años, su vida volvió a estar en peligro varias veces por culpa de un tío. Su reino estuvo invadido* por extranjeros y también por las luchas de su propio pueblo. Fue enemigo, prisionero, luego amigo y víctima del astuto* rey Fernando [24], que logró por fin quitarle el trono.

Desterrado*, se fue a África y allí murió en una batalla, luchando por algo que no era suyo. Pero al morir no terminaron sus desgracias, pues la historia ha juzgado cruelmente a Boabdil, culpándole del asesinato de su hermana y de sus dos hijos, de haber matado a los 36 caballeros Abencerrajes en el Patio de los Leones de la Alhambra y de haber acusado falsamente a la hermosa reina de no ser fiel a su marido.

Todas estas historias han sido repetidas* en canciones y en versos, y son tan conocidas que todo el mundo las cree y odia* a Boabdil. Pero no hay en la historia una persona más injustamente calumniada*. He estudiado todas las crónicas* y cartas escritas por españoles que vivieron en los años de Boabdil, personas de confianza de los Reyes Católicos, documentos árabes, y no he encontrado nada que demuestre que son verdad estas acusaciones. Creo que estas culpas deberían ser dirigidas a su padre, Aben Hassan, que tenía un carácter muy cruel. Él fue quien ordenó degollar a los Caballeros de los Abencerrajes por creer que querían quitarle su trono.

Creo que los hechos ocurridos durante la vida de Aben Hassan son la causa de que mucha gente crea que sucedieron en la época de Boabdil, como, por ejemplo, con la historia de su madre y su prisión en una torre.

Aben Hassan, padre de Boabdil, se casó, siendo ya viejo, con una bella prisionera cristiana, de familia noble, a la que pusieron el nombre de Zoraida. Con ella tuvo dos hijos y deseaba que ellos heredaran el trono. Zoraida logró que el rey creyera que los hijos de sus

---

[24] Rey Fernando=Fernando el Católico, esposo de Isabel la Católica, nació en 1452 y murió en 1516.

otras esposas conspiraban* contra él, y algunos fueron muertos por orden de su padre.

Ayxa, la virtuosa* madre de Boabdil, que había sido la favorita* del rey, fue también otra víctima. Estuvo encerrada con su hijo en la Torre de Gomares y el Rey pensaba matar a Boabdil, pero su madre le sacó de la torre por una ventana una noche, y así le salvó la vida, huyendo después a Guadix*.

Pensando en el desgraciado Boabdil, recorrí todos los lugares donde hay recuerdos* suyos. En el Palacio del Generalife hay un retrato de él. Su cara es dulce, hermosa y algo melancólica, de color sonrosado* y cabellos rubios* y su aspecto no es cruel.

Después visité la prisión donde estuvo encerrado cuando era niño y su padre pensaba matarle. Muy cerca está la habitación donde estuvo encerrada su madre Ayxa. Las paredes son muy gruesas* y las ventanas tienen barras* de hierro.

Luego fui a ver la puerta por donde salió de la Alhambra Boabdil, cuando su madre le sacó por la ventana de la torre, esperándole abajo un criado con un caballo para huir rápidamente con Boabdil y que no le encontrara el rey, su padre. Imaginaba la angustia* de la reina Ayxa oyendo las últimas palabras de su hijo y viéndole desaparecer en la oscura* noche.

Después, fui a la otra famosa puerta, por donde salió Boabdil de la Alhambra, cuando ya era Rey y entregó la ciudad a los cristianos. Dicen* que Boabdil suplicó a los Reyes Católicos que nadie volviera a pasar por aquella puerta y que la reina Isabel ordenó que la cerraran. Pregunté a varias personas dónde estaba esta puerta, pero nadie lo sabía. Mateo, mi ayudante, me llevó a un lugar, donde según la tradición estuvo esa puerta. El arco existe todavía, pero fue tapada con piedras y escombros* al ser destruida la torre donde estaba la puerta, cuando estuvieron aquí los franceses. Así se cumplió* el deseo de Boabdil, pues nadie puede pasar por esa puerta.

Seguí el mismo camino por donde escapó Boabdil y, también como él, fui a caballo [25]. Bajé por un barranco* con muchas piedras, pitas* y chumberas*. Actualmente está lleno de cuevas, donde viven gitanos. Éste fue el camino que siguió Boabdil para no pasar por la ciudad.

Llegué a una mezquita*, convertida ahora en la Ermita* de San Sebastián, donde, en una inscripción en la pared, dice que allí fue donde Boabdil entregó las llaves de la ciudad de Granada a los Reyes Católicos. Desde allí crucé la vega y llegué a un pequeño pueblo donde la familia y los criados del desgraciado rey le esperaban desde la noche anterior, para que su madre y su esposa no sufrieran las humillaciones* de los cristianos vencedores.

Seguí con mi caballo por el mismo camino que siguió Boabdil y su familia y llegué hasta los tristes cerros donde empiezan las montañas de la Alpujarra*. Desde uno de estos cerros, Boabdil vio por última vez Granada. Este cerro se llama la Cuesta* de las Lágrimas, y la roca desde donde Boabdil vio Granada se llama «El último suspiro* del moro».

Al perder la Alhambra, Boabdil perdió todo su poder. Su madre, Ayxa, que tantas veces le animó* en los peligros, al dejar Granada, le dijo:

—Llora como mujer el reino que no has sabido defender como hombre.

Estas palabras recuerdan más el orgullo de una reina que el amor de una madre.

Cuando Carlos V, nieto* de los Reyes Católicos, supo esta anécdota*, dijo:

—Si yo hubiera sido Boabdil, antes que abandonar la Alhambra, habría hecho allí mi sepulcro.

---

[25] a caballo=sobre un caballo, montado, subido en un caballo.

Un paseo

A la caída de la tarde, ·daba largos* paseos por el campo acompañado por mi ayudante, Mateo, que hablaba cuanto quería y me contaba historias maravillosas de todas las piedras, rocas, torres y ruinas y que casi siempre eran historias de tesoros escondidos.

Una noche que dábamos uno de estos paseos, Mateo se paró delante de una gran torre en ruinas llamada la Torre de los Siete Siglos, y señalando sus cimientos me dijo que allí se escondía un fantasma* desde que estuvieron los moros y que guardaba los tesoros de un rey moro. Algunas noches salía el fantasma y paseaba por las alamedas de la Alhambra y por las calles de Granada convertido* en un caballo sin cabeza, perseguido* por seis perros que ladraban*.

—Mateo —le pregunté—, ¿se ha encontrado usted a este fantasma alguna vez?

—No, señor, ¡gracias a Dios!, pero mi abuelo conoció a muchas personas que sí lo vieron.

Seguimos nuestro paseo hasta llegar a un estrecho barranco que, según Mateo, se llamaba Barranco de las Tinajas*, porque allí se encontró una tinaja llena de monedas de oro.

La cabeza del pobre Mateo estaba llena de estos pensamientos y esperaba encontrar algún día un tesoro.

El atardecer* en esta tierra es muy corto, y pensé que ya debíamos volver, pues se acercaba la noche.

Al bajar por las montañas adonde habíamos llegado, ya no vimos a ningún pastor ni campesino. Sólo se oía el ruido de nuestros pasos y los grillos*. Todo era oscuridad alrededor de nosotros. Sierra Nevada tenía todavía los picos de las montañas brillantes por la nieve.

—¡Qué cerca parece que está la sierra! —dijo Mateo—. Parece que se puede tocar con la mano y, sin embargo, está a algunos kilómetros de aquí.

Mientras decía estas palabras apareció una estrella* sobre el pico con nieve de una montaña. Era la única* estrella que se veía en el cielo, tan grande, brillante y hermosa que Mateo exclamó:

—¡Qué clara y qué luz tiene! ¡No hay otra estrella más brillante!

También yo miraba esa hermosa estrella, cuando vi brillar unas luces* rojas que se movían por la montaña. Pregunté asombrado a Mateo qué era aquello y me dijo que eran las hogueras de los hombres que trabajan para llevar hielo a Granada. Suben con sus mulos y, mientras unos se calientan en esas hogueras, otros llevan la nieve sobre los mulos. Después van a Granada antes de que salga el sol y allí venden el hielo.

Ya era completamente de noche y volvimos a pasar por el barranco, cuando vi más luces que se movían y subían. Llegaron muy cerca y vi que eran antorchas* que llevaban personas vestidas de negro. Mateo se acercó a mí y en voz baja me dijo que aquello era un entierro* y que llevaban un cadáver* al cementerio* que había allí, en aquella montaña.

Seguí un buen rato* mirando a aquellas personas y Mateo dijo:

—Señor, podría contarle una historia que ocurrió aquí, en estas montañas, pero usted creería que era mentira*.

—No, no, Mateo, puedes contármela, pues tus historias maravillosas me divierten mucho.

—El protagonista de mi cuento era uno de esos hombres que hemos visto trabajando, sacando hielo de Sierra Nevada. Era viejo y le llamaban «tío» Nicolás. Bajaba un día de la sierra con mulos cargados de sacos de nieve y, como tenía mucho sueño, se subió a uno de sus mulos, quedándose dormido. Casi se caía y su mulo iba por el borde* de los precipicios, bajando y subiendo por los barrancos, muy tranquilo, pues conocía todos aquellos lugares. Poco tiempo después, el «tío» Nicolás se despertó y miró asombrado a su alrededor. A la luz de la luna, vio, como si fuera de día, una ciudad que no era Granada y, en vez de las torres de las iglesias y los conventos, vio mezquitas moras. El «tío» Nicolás estaba cada vez más asombrado cuando vio un gran ejército que subía hacia la montaña. Cuando estuvieron cerca, vio que iban vestidos y armados* como los moros. El «tío» Nicolás quiso esconderse, pero su mulo no se movió. Aquellos hombres llevaban tambores* y trompetas*, pero, aunque iban tocándolos, no se oía ningún sonido*, ni los pasos. Sus caras eran pálidas*, como si estuvieran muertos*. Detrás, entre dos moros negros a caballo, iba el Inquisidor* de Granada, subido en una mula blanca. El «tío» Nicolás estaba asombrado de ver al Inquisidor con los moros, pues todo el mundo sabía que los odiaba y a los judíos también, igual que a todos los que no eran cristianos, persiguiéndolos sin compasión*. El «tío» Nicolás ya no tuvo miedo al ver al Inquisidor y, dando gritos*, le pedía la bendición*. Pero alguien* le dio un gran golpe* en la cabeza y él y su mula cayeron rodando* hasta el fondo* del barranco.

Cuando se hizo de día, se despertó viendo a su mulo paseando por allí y la nieve derretida*. Como estaba en el fondo del barranco, tardó mucho en subir y llegó a Granada con dolores en todo el cuerpo. Se alegró mucho cuando vio que la ciudad estaba igual que siempre, con todas sus iglesias.

Cuando contó su aventura, nadie le creyó y se reían de él, diciéndole que había sido un sueño mientras dormía sobre su mulo. Pero lo que más sorprendió es que el Inquisidor murió ese mismo año.

Terminó Mateo de contarme esta historia cuando llegábamos a las puertas de la Alhambra.

CAPÍTULO VI

*La Torre de las Infantas**

Una tarde, paseando por los alrededores de la Alhambra, me sorprendió ver una torre morisca. Por una ventana que estaba a gran altura* se asomó una bella joven con flores en la cabeza. Era una persona distinguida*, más que el resto* de los habitantes de la Alhambra y recordé las bellas prisioneras de los cuentos. Mateo me dijo que aquélla era la Torre de las Infantas, donde habían vivido las hijas de los reyes moros.

Visité más tarde esta torre y me sorprendió la elegancia de su salón, que tenía una fuente de mármol, sus bellos arcos y sus habitaciones pequeñas, pero bonitas, aunque envejecidas* por el tiempo y el abandono.

Coquina, la viejecita que vivía, como ya he dicho antes, debajo de la escalera de la Alhambra y que iba a las reuniones en casa de doña Antonia, me contó una fantástica historia de tres princesas moras que estuvieron encerradas en esta torre por orden de su padre, un rey de Granada, que sólo permitía que sus hijas salieran de noche para pasear a caballo por las montañas. Había prohibido* que nadie [26] viera a las princesas, castigando con la muerte a los que desobedecieran.

—Todavía —decía la viejecita— se ve a las tres princesas a la luz de la luna, sobre sus caballos por las montañas, con maravillosas joyas*, pero desaparecen cuando alguien les habla.

Pero antes de contar la historia de las tres princesas tengo que decir quién era la bella joven con flores en el pelo, que se asomó por la ventana de la torre cuando yo llegué. Me enteré de que era una recién casada con un hombre que tenía muchos más años que ella y que

---

[26] nadie=ninguna persona.

se había atrevido a casarse con esta joven y alegre andaluza.

Historia de las tres hermosas princesas

Una vez reinó en Granada un rey llamado Mohamed el Zurdo*, nombrado así por ser muy ágil* con la mano izquierda y también porque todas las cosas le salían mal. Lo cierto es que fue un rey muy desgraciado. Tres veces le destronaron* y una de ellas pudo escapar a África, salvando su vida gracias a disfrazarse* de pescador.

Era muy valiente y, aunque era zurdo, usaba maravillosamente su espada, logrando conquistar otra vez su trono.

Pero fue la causa de muchas desgracias que tuvo su pueblo, pues no aprendía a ser prudente* y cada día era más terco* al mismo tiempo que su brazo izquierdo era más duro* y ágil.

Un día paseaba a caballo Mohamed con muchos criados cuando encontraron a varios gurreros* que venían de luchar contra los cristianos. Había cogido muchas riquezas* y muchos prisioneros. Entre ellos venía una hermosa joven española que enamoró al rey. Venía muy bien vestida sobre un caballo y lloraba, sin que pudiera consolar* a la joven una criada que iba con ella.

El rey preguntó quién era y le dijeron que era la hija del jefe de una fortaleza de la frontera que habían vencido.

Mohamed pidió que le entregaran a la bella joven y se la llevó a su harén de la Alhambra.

Para alegrar a la joven, el rey inventaba diversiones. Pero todo era inútil*, pues cada día estaba más triste. El rey, que cada día estaba más enamorado de ella, decidió hacerla reina. La joven española no quería, pensando que era moro, enemigo de su país y, lo peor de todo, ¡que era muy viejo!

37

Mohamed, viendo que no quería ser la reina, pensó hablar con la criada prisionera que acompañaba a la joven. Era una andaluza y no se sabe su nombre cristiano, pero en esta historia tiene el nombre de Kadiga la Discreta, y, según la historia, sí era muy discreta e inteligente. Cuando el rey le pidió que convenciera* a la joven española, habló con ella de esta forma:

—¿Por qué lloras? ¿Por qué estás triste? ¿No es mejor ser la reina de este hermoso palacio, que tiene bellos jardines y fuentes, que vivir encerrada como estabas antes en la fortaleza de tu padre? No importa que Mohamed no sea cristiano. Tú te casas con él, no con su religión, y, como es ya un poco viejo, mejor, así pronto te quedarás viuda y libre. Como de todas maneras tienes que estar aquí, mejor que seas reina que no su prisionera.

Las razones de la inteligente Kadiga convencieron a la joven, que fue la esposa de Mohamed el Zurdo, según cuenta la historia. También se convirtió a la religión de su esposo y lo mismo hizo Kadiga, pudiendo así continuar al lado de la joven reina como persona de confianza.

Pasó el tiempo y Mohamed fue padre de tres hermosas princesas que nacieron en el mismo día y, aunque él hubiera preferido que nacieran niños, se consoló viendo que eran tan hermosas, siendo él, su padre, un hombre viejo.

Era costumbre de los reyes musulmanes*, cuando tenían hijos, llamar a sus astrólogos* para consultarles* sobre su futuro*.

—Las hijas nunca han sido propiedad segura de sus padres [27], pero estas princesas necesitarán más vigilancia que otras cuando lleguen a la edad de casarse. No

---

[27] propiedad segura de sus padres = se refiere a que un hombre puede enamorar y llevarse a las hijas.

confíes en nadie y vigila tú mismo —le dijeron muy tristes y preocupados.

Mohamed era un rey inteligente y las palabras de sus astrólogos no le preocuparon mucho.

Las tres princesas fueron las únicas hijas que tuvo y, para cuidarlas, puso a la discreta Kadiga, que era fiel y sentía un gran cariño por ellas.

Mohamed, aunque no creyó en todo lo que dijeron sus astrólogos, pensó que sería prudente llevar a sus hijas a un lugar apartado de la corte*, y decidió encerrarlas en el castillo de Salobreña, un gran palacio que estaba en la cima de una montaña. Desde allí se veía el mar Mediterráneo y tenía jardines llenos de frutas, flores, árboles y perfumados* baños. Desde un lado del castillo se veía un valle lleno de hermosa vegetación y, por el otro lado, el mar.

En este delicioso palacio, y bajo un cielo azul, las tres princesas crecieron cada día más hermosas y, aunque todas se educaron igual, cada una tenía un carácter distinto. Se llamaban Zayda, Zorayda y Zorahayda. Habían nacido con tres minutos de diferencia. Así es que Zayda era la mayor y tenía un carácter valiente, siendo siempre la primera en todos los juegos. Era curiosa* y preguntaba por todo lo que veía.

A Zorayda le gustaban las cosas bonitas y siempre se estaba mirando en el espejo. También le gustaban mucho las flores y las joyas.

Zorahayda, la menor*, era dulce*, tímida y muy sensible*. Cuidaba las flores, los pájaros y otros pequeños animales. Sus diversiones eran sencillas y pensaba mucho, sentada delante de una ventana, mirando las estrellas o el mar. Escuchaba las canciones de los pescadores, que se oían desde la playa* o desde alguna barca, y esto era lo que más gustaba a Zorahayda. Pero era también muy cobarde*, pues el ruido de un trueno* era suficiente para que se desmayara*.

Así pasaron los años, tranquilos, dulces, y Kadiga cuidaba de las princesas con cariño y fidelidad.

El castillo, como ya he dicho, estaba construido en la cima de una montaña a orillas del mar Mediterráneo, y una parte del palacio estaba encima de una estrecha playa. Por sus ventanas y terrazas las princesas miraban el mar y allí pasaban las horas de más calor.

Un día estaba la curiosa Zayda sentada en una ventana, mientras que sus hermanas dormían la siesta tumbadas en hamacas*, cuando vio llegar un barco. Venían en él varios hombres, algunos con armas. Desembarcaron* y un grupo de soldados moros llevaban prisioneros a varios cristianos.

Zayda despertó rápidamente a sus hermanas y las tres se pusieron a mirar por la ventana sin ser vistas por los soldados.

Entre los prisioneros venían tres caballeros españoles muy bien vestidos. Eran jóvenes guapos y, aunque iban cargados* de cadenas y rodeados de enemigos, caminaban con orgullo.

Las princesas les miraban con mucha atención, pues nunca habían visto otros hombres que los esclavos negros y los pobres pescadores. Al ver a estos tres hombres jóvenes y bellos, sintieron una gran emoción*.

—¿Habrá en la tierra una persona más noble que ese caballero vestido de rojo? —dijo Zayda, la mayor de las tres princesas.

—¡Qué guapo es el que va vestido de azul! —dijo Zorayda—. ¡Qué elegante!

Zorahayda no dijo nada, pero miraba al caballero vestido de color verde.

Miraron a los prisioneros hasta que desaparecieron y después, suspirando tristemente, se volvieron a sentar en sus hamacas.

Contaron a Kadiga todo lo que habían visto y, aunque ya era una mujer bastante mayor, se sintió conmovida* por la emoción de las princesas.

—¡Pobres caballeros! —exclamó—; seguramente en su país habrá alguna mujer que estará llorando por ellos. No podéis imaginaros, mis queridas princesas, cuántas cosas bonitas dirán estos jóvenes para enamorar a las muchachas; los bailes y las fiestas que hacen en su patria vosotras nunca los veréis.

Zayda preguntaba, llena de curiosidad, por todo lo que Kadiga sabía y había vivido antes de ser prisionera de su padre, el rey Mohamed el Zurdo.

Zorayda se miró al espejo cuando Kadiga habló de la belleza de las mujeres españolas y Zorahayda suspiró cuando oyó que los hombres hablaban de amor a la luz de la luna.

Todos los días Zayda pedía a Kadiga que les contara cosas de su juventud y ellas escuchaban suspirando.

Un día Kadiga pensó que las princesas ya no eran unas niñas y que ella no debía contarles esas historias de amor. Pensó también que ya era el momento de avisar al rey Mohamed de que sus hijas eran jóvenes con edad para casarse.

Estaba el rey sentado en uno de los frescos salones de la Alhambra, cuando llegó un criado con un mensaje de Kadiga. Le enviaba un pequeño cesto*, con un melocotón, un albaricoque y una manzana [28]. El rey, que conocía esta costumbre de Oriente, supo que sus hijas ya tenían la edad que sus astrólogos dijeron que sería peligrosa para las princesas. Pensó que no tenía que preocuparse, pues estaban cuidadas por la fiel Kadiga y ocultas* a los ojos de todos los hombres. Pero recordó que los astrólogos también le dijeron que no confiara en nadie y que vigilara él mismo.

Ordenó que prepararan una de las torres de la Alhambra para llevar allí a sus hijas, cerca de él.

---

[28] Frutas que sirven de símbolo.

Fue con un pequeño ejército a buscar a las princesas y llevarlas a la Alhambra.

Habían pasado diez años desde que Mohamed el Zurdo había visto por última vez a sus hijas y, al ver su belleza, se quedó sorprendido.

Zayda era alta y de mirada inteligente. Entró en la habitación donde estaba su padre e hizo una profunda reverencia* y le habló como a un rey, más que como a su padre.

Zorayda era de mediana* estatura*, de carácter agradable y tenía una gran belleza que aumentaba con su bonito vestido. Se acercó a su padre sonriendo, le besó la mano y le saludó dicendo varios versos de un poeta árabe. Al rey le alegró mucho este saludo.

Zorahayda era menos esbelta* que sus hermanas y tímida, pero tenía una gran dulzura en su cara. No era dominadora como Zayda, ni bellísima como Zorayda, pero era de carácter cariñoso y pacífico. Se acercó a su padre con timidez, pensando en besarle la mano, pero, al mirar la cara del rey y verle sonriente, le abrazó cariñosamente.

Mohamed el Zurdo miró a sus hijas con orgullo y, asombrado al ver su belleza, recordaba todo lo que dijeron sus astrólogos.

—¡Tres hijas! ¡Tres hijas! —murmuró varias veces— ¡y las tres en edad de casarse! Necesitaré mucha inteligencia para guardarlas.

Antes de salir hacia la Alhambra, dio la orden de que nadie estuviera por los caminos por donde pasaría con sus hijas y que todas las puertas y ventanas estuvieran cerradas al pasar las princesas.

Preparado todo, partieron con un ejército de soldados negros a caballo. Las princesas iban sobre hermosos caballos blancos junto al rey, tapadas con velos*. Los caballos llevaban telas que llegaban hasta el suelo, y las bridas* y los estribos* eran de oro y piedras* preciosas. También llevaban campanillas de plata que hacían un ruido muy agradable, pues parecía música. Al oír estas campanillas todo el mundo debía retirarse* de los caminos, pues los soldados tenían orden de matar a las personas que no obedeciesen.

Estaban cerca de la Alhambra cuando, en un camino, encontraron un grupo de soldados que llevaban algunos prisioneros. Ya era demasiado tarde y no pudieron apartarse del camino. Los soldados se tumbaron* en el suelo con la cara en la tierra para no ver a las princesas y ordenaron a los prisioneros que hicieran lo mismo. Entre ellos, estaban los tres jóvenes cristianos que las princesas habían visto desde las ventanas de su palacio. No obedecieron la orden y, de pie, contemplaron la comitiva* que se aproximaba.

El rey, lleno de ira, sacó su espada y se acercó a los caballeros cristianos. Levantó la espada con su brazo izquierdo para matar a uno de ellos, cuando las princesas le rodearon suplicándole que no lo hiciera. Mohamed se detuvo con la espada levantada y uno de sus ayudantes le dijo:

—Majestad, no mate a estos tres valientes y nobles españoles, que han caído prisioneros luchando. Tienen familias muy importantes y darán buenos rescates* por ellos.

—Está bien —dijo el rey—; les perdonaré la vida, pero por no haber obedecido mis órdenes, que vayan a las Torres Bermejas y que hagan los trabajos más duros y desagradables.

Mohamed estaba cometiendo otro de sus muchos errores, pues, mientras hablaba, las princesas se habían levantado el velo y los tres jóvenes vieron sus caras. Su belleza y el agradecimiento que sentían por haberles defendido de su padre hicieron que se enamoraran de ellas. Dice la historia que cada caballero se enamoró

---

[29] lleno de ira=con mucha ira, muy enfadado.

de la princesa que ya le quería desde la primera vez que les vieron por la ventana. Las princesas se emocionaron al oír que eran valientes y de nobles familias.

Siguieron el viaje y, muy pensativas, miraban hacia atrás para ver a los jóvenes prisioneros.

La vivienda de las princesas era perfecta. Una torre apartada del palacio principal* de la Alhambra, aunque comunicada por la muralla. Por un lado se veía el interior de la fortaleza y debajo de sus ventanas un pequeño jardín lleno de flores.

El interior de la torre estaba dividido en pequeños y bonitos departamentos, lujosamente decorados con estilo árabe, y en el centro había un gran salón con el techo muy alto. El suelo era de mármol y en medio había una fuente rodeada de plantas y flores. Había colgadas varias jaulas* de oro y plata con pájaros.

El rey creía que sus hijas eran alegres*, pero, con gran sorpresa suya, empezaron a estar tristes y melancólicas. No les gustaba nada, ni el olor de las flores, ni el canto de los pájaros, ni el ruido del agua en la fuente.

El rey, que tenía un carácter violento, se enfadó, pero después pensó que sus hijas ya no eran unas niñas y que necesitaban otras cosas más importantes. Llamó a las modistas* y joyeros y regaló a las princesas muchos vestidos de seda, collares* de perlas, anillos y pulseras de brillantes. Pero nada de esto alegraba a las princesas, que siguieron pálidas y tristes. El rey no sabía qué hacer y, aunque no pedía nunca consejo* a nadie, esta vez llamó a Kadiga.

—Creo que eres una de las mujeres más discretas —dijo el rey— y también sé que eres fiel, por eso te he tenido siempre con mis hijas. Deseo que descubras la enfermedad secreta que tienen las princesas y el remedio* para devolverles la salud y la alegría.

Kadiga prometió obedecer. Ella sabía bien cuál era la enfermedad y dijo a las princesas:

—Mis queridas niñas. ¿Qué razón hay para que estéis tristes en un lugar tan maravilloso como éste?

Las princesas suspiraron y nada dijeron.

—¿Qué más queréis? ¿Queréis que os traiga un loro* que habla todos los idiomas del mundo?

—¡No, no! —dijo Zayda—; es un pájaro horrible.

—¿Ordeno que traigan un negro para divertiros? —volvió a decir Kadiga.

—¡Un moro! ¡No, no! —exclamó Zorayda—; es una fea imitación* del hombre.

—Entonces haré venir a un famoso cantante negro de Marruecos. Dicen que tiene una voz preciosa —insistió Kadiga.

—No quiero ver ni oír a los negros —dijo la dulce Zorahayda—; además, ya no me gusta la música.

—No dirías eso si hubieras oído anoche la música que yo oí a los tres jóvenes prisioneros —dijo la astuta Kadiga.

Las princesas se levantaron emocionadas y muy nerviosas.

—Pero ¿qué os ocurre?, ¿estáis enfermas?

—No, no es nada. Por favor, cuentanos qué música era esa que escuchaste —dijo Zayda.

—Anoche, cuando pasé por las Torres Bermejas, vi a los tres cristianos descansando del duro trabajo. Uno de ellos tocaba maravillosamente una guitarra, mientras los otros dos cantaban. Al oír las canciones del país donde nací, sentí una gran emoción y sentí pena al ver a tres jóvenes tan bellos cargados de cadenas y prisioneros.

Kadiga empezó a llorar al decir esto.

—Nosotras desearíamos también poder ver a esos caballeros. ¿Podrías ayudarnos, Kadiga? —preguntó Zayda.

—Yo creo que un poco de música nos alegraría —añadió Zorayda.

45

La tímida Zorahayda no dijo nada, pero abrazó cariñosamente a Kadiga.

—¡Qué estáis diciendo! Vuestro padre nos mataría a todas. Además, estos caballeros, aunque son nobles y educados, son enemigos y debéis odiarlos —dijo Kadiga.

Las princesas abrazaron a Kadiga y tanto suplicaron que lograron su deseo. Kadiga pensó la manera de poderlo hacer y recordó que el guardián de las Torres Bermejas era aficionado al dinero. Fue a hablar con él y le dio una moneda de oro, diciéndole:

—Las tres princesas, que están aburridas y sin nada que hacer, desean escuchar la música de los tres prisioneros. Estoy segura de que eres bondadoso* y no me negarás este capricho* tan inocente.

—Si el rey llegara a saberlo —contestó el guardián— me cortaría la cabeza.

—No tengas miedo, que lo haremos sin que el rey se entere. Como tú sabes, por detrás de la torre, donde están las princesas, hay un barranco. Lleva a los prisioneros a trabajar allí y, en los ratos de descanso, diles que toquen la guitarra y canten. Así podrán oírles las princesas desde sus ventanas y yo te pagaré bien.

Kadiga volvió a dar al guardián otra moneda de oro y se marchó.

Al día siguiente los tres prisioneros fueron llevados a trabajar cerca de la torre de las princesas y durante las horas de más calor del mediodía se sentaron sobre la hierba y empezaron a cantar canciones españolas mientras tocaban sus guitarras.

Aunque el barranco era profundo y alta la torre, sus voces llegaban claras y dulces en el silencio de aquellas horas del día. Las princesas escuchaban desde la ventana y, como Kadiga les había enseñado la lengua castellana, se emocionaban oyendo las palabras de amor de aquellas canciones.

Kadiga estaba asustada, aunque vio con alegría que

las princesas tenían los ojos alegres y las mejillas sonrosadas. Cuando terminaron de cantar los jóvenes, ellas se quedaron silenciosas, pero rápidamente Zorayda cogió su laúd* y con voz débil y emocionada cantó.

Desde entonces, todos los días venían los caballeros a trabajar a aquel lugar. Cuando su guardián se quedaba dormido, ellos empezaban a cantar y después cantaban las princesas. Y así, con las canciones, hablaban y se decían palabras de amor.

Las princesas se asomaban algunas veces por la ventana, aunque lo hacían con mucho cuidado para que los guardianes no se enteraran. Los tres jóvenes se acercaban todo lo que podían a la torre, y entonces ellas les echaban flores por la ventana y cada día era más fuerte y apasionado* su amor.

Las princesas ya no estaban tristes; tenían la cara alegre y sonrosada, la mirada brillante, y su padre, el rey, era muy feliz viendo este cambio. Kadiga era la única que sabía el motivo de esta felicidad y se sentía satisfecha* de su inteligencia y discreción.

Pero un día los tres prisioneros no llegaron a su trabajo y las princesas miraban con ansiedad* sin ver aparecer a los jóvenes cristianos. Pasaron varios días más y las princesas seguían mirando desde lo alto de la torre con la esperanza de verles llegar y cantaban tristemente para que ellos contestaran como otras veces. Pero todo era inútil.

Kadiga salió de la torre a enterarse de lo que sucedía, pues las princesas estaban desesperadas. Volvió con la cara triste y los ojos con lágrimas.

—¡Ay, niñas! —decía Kadiga llorando—; ya sabía yo que esto no terminaría bien. Los caballeros españoles han sido rescatados por sus familias y a estas horas están en Granada preparando su viaje para volver a su patria.

Las princesas empezaron a llorar tristemente.

Zayda se indignó* porque los jóvenes se marchaban de allí sin decirles nada. Zorayda lloraba con desesperación y la tímida Zorahayda, asomada a la ventana, lloraba silenciosamente.

Kadiga consolaba a las princesas:

—Mis queridas niñas, este dolor pasará y cuando tengáis mis años ya comprenderéis cómo son los hombres. Seguramente esos caballeros tendrán novias en Sevilla o en Córdoba y pronto les cantarán bajo su ventana como a vosotras.

Todas estas palabras de Kadiga lo único que lograban era entristecer* más a las princesas que durante dos días no dejaron de llorar. Al tercer día, entró Kadiga en sus habitaciones muy enfadada.

—¡Qué atrevidos! ¡Esos jóvenes me han dicho que os convenza para que huyáis con ellos a Córdoba y allí os caséis! ¡Qué traición! ¡Yo no haría eso nunca con vuestro bondadoso padre!

—Pero, ¿qué dices, querida Kadiga? —dijeron las tres princesas.

Kadiga parecía que estaba muy enfadada y se tapó la cara con las manos llorando.

Las princesas estaban pálidas, luego su cara se puso roja de emoción, temblaban y se miraban una a otra.

Kadiga seguía llorando y decía de cuando en cuando:

—¡Que haya vivido yo para oír este insulto! ¡yo, la más fiel servidora* del rey!

Zayda, la mayor de las princesas, que era la más valiente, se acercó a Kadiga y, poniéndole la mano sobre el hombro, le dijo:

—Si nosotras quisiéramos huir con los cristianos, ¿sería eso posible?

—¿Posible? ¡Ya lo creo que es posible! Vuestros enamorados ya han comprado al jefe de los guardianes y tienen preparada la huida. Pero, ¿pensáis engañar a vuestro padre, que ha confiado en mí durante tantos años?— y Kadiga volvió a llorar.

—Pero nuestro padre —dijo Zayda— nunca ha confiado en nosotras y siempre nos ha tenido con cerrojos*, como si fuéramos sus prisioneras y no sus hijas.

—Eso es verdad —contestó Kadiga—, y os ha tratado de un modo cruel, esperando que vuestra juventud y hermosura se pase en esta vieja torre. Pero abandonar vuestro país me parece algo muy triste.

—Pero la tierra adonde vamos es la de nuestra madre y allí viviríamos en libertad. Además, tendríamos un marido joven y cariñoso y no un padre viejo y cruel —dijo Zaida.

—Es verdad todo eso que dices, pero ¿me vais a dejar aquí abandonada para que yo sea la víctima de su venganza?

—No, querida Kadiga, ¿no puedes venir con nosotras también?

—Sí, sí que puedo. Huseín, el guardián, que nos sacará de aquí, me prometió cuidar de mí si le ayudo en vuestra huida. Pero, ¿tendréis valor para renunciar* a la religión de vuestro padre?

—La religión de Cristo fue la primera que tuvo nuestra madre. Yo estoy dispuesta a ser cristiana y estoy segura de que mis hermanas también lo harán.

—¡Tienes razón, Zayda! —exclamó Kadiga con alegría—; ésa fue la religión de vuestra madre y cuando murió lloraba por haberla dejado. Yo le prometí cuidar de vuestras almas* y ahora veo que éste es el camino. Yo también era cristiana y he seguido siéndolo dentro de mi corazón. Huseín, el guardián, también es español y me ha prometido casarse conmigo cuando volvamos a nuestro país. Los caballeros cristianos nos ayudarán.

Kadiga ya había hablado con los jóvenes españoles, con el guardián Huseín y lo tenía todo preparado para la huida.

Zayda, la mayor, estaba de acuerdo* con todo, pero la pequeña Zorahayda, como era tan tímida, dudaba, y entre lágrimas y suspiros empezaron a preparar la huida.

La colina donde está la Alhambra tiene subterráneos que conducen a distintos sitios de Granada y del río Genil. Estos subterráneos están construidos en épocas diferentes por reyes moros para poder escapar cuando les hiciera falta y, además, para ir a la ciudad en busca de aventuras amorosas sin que nadie les viera. Muchos de estos subterráneos están actualmente cerrados con escombros, y otros nadie los conoce.

Pero, en la época de nuestras tres princesas, Huseín, el guardián de los prisioneros cristianos, los conocía muy bien y fue por allí por donde pensó sacar a las princesas.

El subterráneo llegaba hasta las afueras* de la ciudad y allí estarían los caballeros esperando con ligeros caballos la llegada de las princesas para huir con ellas hacia la frontera.

Llegó la noche de la huida. La torre de las princesas se cerró como de costumbre y la Alhambra estaba en silencio. Al llegar la medianoche*, Kadiga se asomó a la ventana y vio a Huseín, el guardián, que les hacía una señal para salir.

Kadiga sujetó a la ventana una escalera de cuerdas* y la echó hacia el jardín, bajando luego por ella. Las dos princesas mayores, muy emocionadas, hicieron lo mismo y bajaron por la escalera. Pero Zorahayda, la pequeña, estaba temblando y no se atrevía a bajar. Varias veces puso su pequeño pie en la escalera, retirándolo asustada y latiéndole el corazón fuertemente. Miró la habitación con tristeza, pensando que ya nunca volvería allí y, aunque se sentía prisionera, aquélla era la casa de su padre y tuvo miedo de salir por aquella ventana. Pero recordó la dulce voz del joven cristiano, su mirada de enamorado, y puso por fin su pequeño pie en la escalera. Pero otra vez volvió a retirarlo.

Sus hermanas desde abajo le rogaban que bajara, y el guardián se desesperaba viendo el tiempo que pasaba. A cada momento que perdían era mayor el peligro, pues había guardianes paseando y pasarían por allí.

—¡Princesa, bajad inmediatamente o nos iremos! —gritó Huseín, el guardián.

La desdichada Zorahayda no sabía qué hacer. En su desesperación, quitó la escalera de la ventana y la tiró al jardín, decidida a no salir de la torre.

—¡Todo ha terminado! —dijo a sus hermanas—. ¡No puedo abandonar la torre! ¡Adiós, hermanas mías!

Las dos princesas estaban desesperadas viendo que su querida Zorahayda se quedaba allí y estaban casi decididas a quedarse con ella, cuando oyeron los pasos de los guardianes. Huseín estaba furioso* al ver que iban a ser descubiertos y obligó a las princesas a ir hacia el subterráneo. Corrieron por él casi a oscuras y por fin llegaron al final. Allí estaban los jóvenes cristianos esperando, disfrazados de soldados moros.

El enamorado de Zorahayda se desesperó cuando supo que no había querido abandonar la torre, pero ya nada podían hacer y tenían que seguir escapando rápidamente.

Los dos caballeros pusieron a las dos princesas en la grupa* de sus caballos y Kadiga fue con Huseín el guardián. Fueron hacia Córdoba, por las montañas, y no había pasado mucho tiempo cuando oyeron el ruido de tambores y trompetas.

—¡Nuestra fuga ha sido descubierta! —dijo Huseín.

—Tenemos caballos rápidos, la noche es muy oscura y podemos escapar —dijeron los cristianos.

Los caballos corrían cada vez más y, al llegar cerca de la sierra, Huseín se detuvo y escuchó.

—Parece que nadie nos sigue; creo que podremos escapar a las montañas.

Pero de repente vio una luz en una torre de la Alhambra. Era una señal para que todos los guardianes de los alrededores vigilaran.

—¡No podemos perder tiempo! ¡Corramos! ¡Adelante! —gritó Huseín.

Corrían y corrían para alcanzar un puente*, antes de que cerraran el paso. Vieron por fin el famoso Puente de Pinos*, que atraviesa una parte del río muy profunda. Cuando llegaban al puente, vieron con desesperación que llegaban muchos soldados. Huseín miró a su alrededor, luego hizo una señal a los caballeros y se salió del camino, metiéndose por la orilla del río para poder pasar por debajo del puente sin ser vistos.

Los jóvenes cristianos avisaron a las princesas que siguieran con sus caballos a Huseín.

El agua iba con mucha fuerza y se sentían arrastrados por la corriente*. Las princesas iban muy asustadas, pero no se quejaban.

Por fin llegaron a la otra orilla y fueron a través de barrancos, atravesando montañas hasta llegar a la ciudad de Córdoba. Allí les recibieron con grandes fiestas y las hermosas princesas fueron bautizadas* y se casaron, viviendo muy felices.

Kadiga la Discreta no llegó a Córdoba, pues cuando Huseín pasó el río con su caballo, iba agarrada* a su cinturón*, que se soltó y cayó al río.

Las princesas lloraron mucho a su buena amiga, aunque algún tiempo después se enteraron de que Kadiga se había salvado gracias a unos pescadores. Estuvo escondida y el rey Mohamed el Zurdo nunca pudo encontrarla para vengarse.

Mohamed guardó mucho mejor a la única hija que le había quedado y la princesa se arrepintió* muchas veces de no haber escapado con sus hermanas. Se asomaba muchas veces a la ventana y miraba el camino hacia Córdoba. Otras veces cantaba tristes canciones quejándose de la soledad de su vida, de la pérdida de sus hermanas y de su amante. Murió muy joven y fue enterrada debajo de la torre.

CAPÍTULO VII

Visitantes de la Alhambra

Hacía ya tres meses que vivía en la Alhambra. Cuando llegué, era primavera* y ahora ya estábamos en verano. Con la llegada del calor, las flores estaban secas y los pájaros ya no cantaban. Todo el campo estaba más seco, aunque los alrededores de la ciudad están siempre maravillosamente verdes y también los profundos valles que están al pie de las montañas con las cimas nevadas.

La Alhambra tiene sitios preparados para el calor. Los mejores son las habitaciones casi subterráneas de los Baños, que, aunque están muy estropeados, conservan su estilo oriental. Hay muchos murciélagos por la oscuridad y el silencio que hay en estas habitaciones abandonadas y tristes.

A estas frescas habitaciones iba yo con frecuencia a pasar las horas más calurosas del día y cuando se hacía de noche me bañaba en el estanque que hay en el patio principal.

Un día oí ruidos y salí fuera para ver qué ocurría. Vi a un caballero bastante viejo, rodeado de criados, que se estaba instalando en el Salón de Embajadores. Pensé que ya no era yo solo el dueño de la Alhambra. Este señor tenía el título* de conde y había dejado su palacio de Granada para pasar unos días en la Alhambra y respirar aires más frescos y puros que en la ciudad.

Para no aburrirse disparaba* desde la ventana a los pájaros y, aunque sus criados le ayudaban a cargar* las armas, no pudo matar un solo pájaro. Parecía que los pájaros se burlaban* de él, cantando al pasar cerca de su ventana.

La llegada de un conde cambió algo nuestras costumbres, y yo repartí* con él la Alhambra. Él era el dueño del Patio de los Leones y sus salones de alrededor, y yo tenía los Baños y el Jardín de Lindaraja. Por la noche nos reuníamos con el conde, con su confesor*, su abogado*, su secretario, su mayordomo y los administradores de sus inmensas propiedades. También llegaba su esposa con una hija de dieciséis años, que era la persona que más me interesaba. Su cuerpo no se había formado todavía, pero ya se notaba que llegaría a ser una bella mujer. Carmen, que así se llamaba, tenía los ojos azules, la piel blanca y el pelo rubio; tocaba la guitarra, bailaba y cantaba con la gracia de las mujeres andaluzas.

Pocos días después de la llegada del conde se celebró una fiesta. Vinieron todos sus familiares, sus criados, y todos los que vivíamos en la Alhambra. En los salones silenciosos sonaron músicas y canciones, y por los jardines paseaban grupos de personas alegres y criados llevando bandejas* con comidas y refrescos.

La comida se hizo en el bello departamento de «Las dos Hermanas» y todos estaban muy alegres y habladores. Terminado el banquete*, fuimos al Salón de Embajadores y todos los invitados cantaron, bailaron y contaron cuentos maravillosos.

Pero lo mejor de aquella reunión fue Carmencita. Representó* dos o tres escenas de comedias españolas, imitó a cantantes italianos, bailó al estilo de los gitanos y todo esto lo hizo maravillosamente y con sencillez, pues todo lo hacía con gran naturalidad*.

Siempre que recuerdo la Alhambra pienso en Carmencita, jugando inocente y feliz en los salones de mármol, tocando las castañuelas.

En esta fiesta contaron cuentos y leyendas. Algunas ya no las recuerdo, pero trataré de acordarme de las que más me sorprendieron.

El paje* y el halcón*

Poco tiempo después de terminada la Reconquista*, Granada era la ciudad favorita de los reyes españoles, hasta que los continuos terremotos hicieron que abandonaran la ciudad. Durante largo tiempo pocas veces fue a Granada la familia real. Los palacios se cerraron y quedaron silenciosos. La Alhambra permaneció solitaria y sus jardines sin cuidar. La Torre de las Infantas, donde estuvieron encerradas las tres bellas princesas moras, estaba llena de arañas* y de murciélagos. El abandono de esta Torre era debido al miedo que tenían los habitantes de Granada, pues contaban que la joven Zarahayda, que había muerto allí, volvía algunas noches y se sentaba en la fuente del salón o se asomaba a una ventana llorando. Otras veces se oía la música de su laúd.

Por fin, a la ciudad de Granada llegaron los reyes españoles. Felipe V fue el primer Borbón que reinó en España y su segunda esposa fue Isabel, princesa de Parma. Así, un príncipe francés y una princesa italiana eran los reyes de España.

La Alhambra se decoró y se amuebló rápidamente para recibir a los reyes y el palacio dejó de estar silencioso y solitario. El ruido de los tambores, trompetas y los caballos paseando por los patios del Palacio hacían recordar su antigua fuerza militar. Se oía música y volvían a oírse los suaves pasos de las damas de la reina y el continuo ir y venir de los numerosos criados y pajes.

Entre las personas que acompañaban a los reyes, iba un paje, favorito de la Reina, llamado Ruiz de Alarcón. Tenía dieciocho años y era gracioso, esbelto y bello. Delante de la reina siempre era respetuoso, aunque era un joven frívolo* y mimado* por todas las mujeres de palacio y con mucha experiencia* en asuntos amorosos.

Un día paseaba el paje por los alrededores de la Alhambra, y llevaba el halcón que más gustaba a la reina. Vio un pájaro y fue a perseguirle. El pájaro se escapó varias veces y el halcón fue detrás. Ruiz de Alarcón le llamaba, pero se alejó sin hacer caso de sus llamadas. El joven vio al halcón sobre la muralla de una apartada y solitaria torre, construida en el borde de un barranco. Era la Torre de las Infantas.

Llegó Ruiz de Alarcón hasta la Torre, pero no vio ninguna puerta por ese lado. Buscó alguna entrada dando la vuelta a la torre hasta llegar a la parte que daba hacia la fortaleza. Allí, delante de la torre, estaba el pequeño jardín. Abrió la puerta y, pasando entre las flores, llegó a la puerta principal de la torre. Estaba cerrada, pero tenía un pequeño agujero*. Miró y vio el salón morisco, con las paredes decoradas, con esbeltas columnas de mármol y la fuente rodeada de flores. En el centro, colgada, una jaula con un pájaro. Debajo de la jaula había una silla con un gato dormido entre hilos de seda y labores* femeninas. Junto a la fuente había una guitarra adornada con cintas* de colores.

El joven se quedó muy sorprendido, pues no esperaba aquella elegancia en una torre que él creía abandonada. Sonriente* pensó en los cuentos que había oído, y miró al gato pensando que quizá era alguna princesa encantada.

Llamó muy despacio a la puerta y poco después se asomó una bella cara por una elevada ventana, pero en seguida desapareció. Esperaba el joven Ruiz Alarcón que abrieran la puerta, pero pasaron varios minutos y no se oía ningún ruido. ¿Le habían engañado sus ojos y aquel rostro no había sido una realidad?

Llamó de nuevo con más fuerza y por segunda vez apareció el hermoso rostro de una joven de quince años. Ruiz de Alarcón se quitó su sombrero y saludó a la joven. Le rogó que le permitiera subir a la torre para coger su halcón que se había escapado.

—Señor, perdona que no abra la puerta, pero mi tía me lo ha prohibido.

—Te ruego que abras, es el halcón favorito de la reina y me castigará si vuelvo al palacio sin él —dijo el joven.

—¿Vives en palacio? —preguntó muy emocionada la joven.

—Sí.

—¡Virgen María! ¡Pues es precisamente a los caballeros que viven en palacio a quien mi tía me ha prohibido hablar y abrir la puerta!

—Sí, pero a los caballeros malos. Yo sólo soy un paje de la reina, y me echará si me niegas* este favor que te pido.

La joven se quedó pensativa y sintió lástima* del paje. Seguramente aquel joven no podía ser tan peligroso como aquellos hombres de palacio que su tía le decía. Era muy joven, humilde y muy amable.

Ruiz de Alarcón vio que la joven dudaba* y volvió a suplicar. Ella, por fin, abrió la puerta con mano temblorosa, y el joven quedó asombrado cuando vio la hermosa figura de la muchacha. No quiso asustarla y rápidamente subió a la torre por la escalera a buscar a su halcón.

A los pocos minutos volvió Ruiz de Alarcón con el halcón en la mano. Mientras tanto, la joven se había sentado junto a la fuente del salón y tenía un pequeño trozo de tela en la mano. Al ver al joven, se le cayó al

suelo. Él lo recogió y, al entregárselo, puso una rodilla*
en el suelo y le dio un beso en la mano.

—¡Dios mío! —exclamó la muchacha, levantándo-
se muy nerviosa*.

El joven le dijo que aquel beso en la mano era una
costumbre en la corte y que no debía enfadarse.

La joven volvió a sentarse y siguió cosiendo, pero
estaba tan nerviosa que sus manos temblaban.

El astuto joven vio la emoción que tenía y quiso
aprovechar la ocasión [30]. Pero sintió que él también
estaba nervioso y emocionado y que todas las dulces
palabras que conocía y que había dicho a tantas mujeres, en aquel momento no podía decirlas. Ante aquella
joven de quince años, con su inocencia*, él estaba
callado y sin saber qué decir.

La muchacha se dio cuenta[31] de la emoción del paje
y sintió una gran alegría al ver que por primera vez
un joven tan bello se emocionaba por ella.

Se oyó una voz a lo lejos y la joven se levantó de la
silla muy nerviosa.

—¡Es mi tía que vuelve! Te ruego que te marches.

—No lo haré —contestó el joven— hasta que no me
des esa flor que llevas en el pelo.

Ella rápidamente le dio la flor y él, al tomarla, le
dio varios besos en la mano. Después se puso el sombrero y se marchó con el halcón.

La joven Jacinta, que así se llamaba, le miró marchar
y sus ojos se llenaron de lágrimas, pensando que ya
nunca volvería a verle.

Cuando su tía entró en la torre, notó* inmediatamente el nerviosismo de su sobrina y el desorden*
que había en la habitación, pero ella le dijo:

—Tía, un halcón ha entrado aquí.

---

[30] aprovechar la ocasión=hacer algo en ese momento que es
oportuno.

[31] se dio cuenta=notó, vio.

—¡Bendito sea Dios!, ¿hasta aquí entran los halcones?

La anciana* era soltera y muy inteligente. Tenía mucho miedo a los hombres, pues temía que alguno enamorara y engañara* a su hermosa sobrina, a la que cuidaba desde hacía poco tiempo. La joven era hija de un militar, que había muerto, y había estado en un convento de monjas*. Hacía poco tiempo que había salido y estaba con su tía. Sus vecinos llamaban a Jacinta «la Rosa de la Alhambra», pues pocas mujeres habían visto tan bellas.

Su tía sabía el peligro* que había con la llegada de los reyes, pues todos aquellos hombres que les acompañaban querrían conquistar* a Jacinta. Cuando desde lejos escuchaba la música y las canciones de palacio, temblaba pensando en su sobrina y entonces le contaba todos los engaños y traiciones que hacen los hombres con las jóvenes inocentes como ella.

El rey Felipe V decidió estar menos tiempo en Granada y partió de repente [33] con todos sus acompañantes.

Fredegunda, la tía de Jacinta, miraba feliz cómo se alejaban todos y pensó que terminaba ya un gran peligro. Volvió a la torre y vio con terror* un caballo en la puerta del jardín. Dentro y arrodillado ante Jacinta estaba un bello joven, que, al oír a la anciana, rápidamente salió y subió a su caballo desapareciendo.

Jacinta, llena de pena, se abrazó a su tía llorando.

—¿Quién se ha marchado? —gritó su tía—. ¿Quién es ese joven?

—Un paje de la reina, que ha venido a despedirse de mí.

—¿Un paje de la reina? —gritó otra vez Fredegunda—. ¿Y cuándo has conocido tú a ese joven?

---

[32] de repente = sin avisar, rápidamente.

—El día que el halcón entró aquí. Era el halcón de la reina y venía siguiéndole.

—¡Ay, niña, qué inocente eres! Debes saber que no hay halcones tan peligrosos como esos jóvenes juerguistas*, sobre todo para niñas con tan poca experiencia como tú —dijo Fredegunda, que cada vez estaba más furiosa al saber que, a pesar de su vigilancia, aquel joven había logrado enamorar a su sobrina.

Se tranquilizó cuando supo que Jacinta seguía siendo pura* y Fredegunda pensó que era gracias a sus consejos y educación. Jacinta, mientras su tía pensaba en todas estas cosas, no podía olvidar los juramentos* de amor y fidelidad del paje y se desesperaba* pensando que, lejos de aquel lugar, olvidaría su amor.

Pasaron días, semanas y meses y no recibía ninguna noticia del joven. Maduraron* las frutas*, llegaron las lluvias del otoño y las montañas de Sierra Nevada se cubrieron de nieve. Volvió a oírse el ruido del viento en los solitarios salones de la Alhambra y el paje no volvía.

Pasó el invierno y volvió de nuevo la primavera, con los cantos de los pájaros y las flores con su perfume; se derritió la nieve de las montañas, pero no había ninguna noticia del joven.

Jacinta estaba pálida y melancólica. Dejó sus trabajos y diversiones; su guitarra estaba silenciosa; sus flores casi secas; ya no escuchaba el canto de los pájaros y sus ojos, antes tan alegres y brillantes, estaban tristes de tanto llorar en secreto [33].

—¡Ay, inocente niña! —le decía su tía cuando veía que lloraba—; ¿no te dije los engaños que hay en la Corte?; ¿qué podías esperar de ese joven que pertenece a una familia noble, siendo tú huérfana* y pobre? Aun-

---

[33] en secreto=sin que nadie, ninguna persona, sepa lo que ocurre.

que él te quiera, su padre, que es una de las personas más orgullosas de la Corte, le prohibirá que se case contigo. Jacinta, olvida a ese joven que nunca volverá.

Pero sus palabras sólo servían para que Jacinta estuviera más triste y se escondiera para llorar sin que su tía lo supiera.

Una noche, después de que Fredegunda se acostó, Jacinta se quedó sentada junto a la fuente, allí donde su infiel enamorado se había arrodillado y besado su mano por primera vez, donde le había jurado amor y fidelidad. Recordando esos juramentos, Jacinta empezó a llorar y sus lágrimas cayeron dentro de la fuente. Poco a poco el agua empezó a agitarse* y apareció una hermosa mujer vestida con un traje de mora muy lujoso*.

Jacinta se asustó al verla y salió corriendo del salón sin atreverse a volver. A la mañana siguiente se lo contó a su tía, pero ella no podía creerlo y pensó que su sobrina se había quedado dormida y lo había soñado.

—Habrás estado pensando en la historia de las tres princesas que vivieron en esta torre hace mucho tiempo, y eso te habrá hecho soñar.

—¿Qué historia es ésa, tía? Yo no la conozco.

—Pero ¿no has oído hablar de las tres bellas princesas, Zayda Zorayda y Zorahayda, que estuvieron encerradas en esta torre por orden de su padre el rey y que dos de ellas huyeron con tres caballeros cristianos? La princesa más pequeña tuvo miedo y se quedó, muriendo en esta misma torre.

—Sí, ahora recuerdo haber oído esta historia, y también recuerdo que lloré por la desgraciada princesa Zorahayda.

—¿No sabes que el enamorado de esta princesa fue un antepasado* tuyo? Estuvo mucho tiempo llorando por la princesa mora, pero después se calmó* su tristeza y se casó con una española, de noble familia de la que tú eres descendiente*.

Jacinta se quedó muy pensativa al escuchar a su tía y recordaba a la bella mujer que había visto salir de la fuente, segura de que no era un sueño. Pensaba que era el alma de la princesa Zorahayda y decidió volver a quedarse junto a la fuente aquella noche para ver otra vez a la princesa.

Cerca de la medianoche*, cuando todo estaba en silencio, fue Jacinta junto a la fuente del pequeño salón. Sonaron doce campanadas* en un reloj lejano y el agua de la fuente empezó a agitarse, saliendo de ella la mujer de la noche anterior. Era joven y hermosa; sus vestidos estaban adornados con joyas y llevaba en la mano un laúd. Jacinta estaba asustada, pero se tranquilizó al ver su dulce cara y oír su dulce y triste voz, que decía:

—¿Por qué lloras junto al agua de mi fuente? ¿Por qué suenan en el silencio de la noche tus suspiros y quejas?

—Lloro la ingratitud* de los hombres y me quejo de mi soledad y abandono* —contestó Jacinta.

—Tus penas pueden terminar. Yo fui muy desgraciada, como tú ahora. Estaba enamorada de un caballero cristiano, antecesor tuyo, que me hubiera llevado a su país y hubiera sido cristiana, si hubiera tenido valor para huir con él. Pero fui cobarde y estoy encantada en esta torre, hasta que un alma cristiana quiera romper el encantamiento. ¿Quieres ayudarme y hacerlo tú?

—¡Sí, sí quiero! —dijo Jacinta emocionada.

—Pues acércate y no tengas miedo. Mete tu mano en la fuente y echa el agua sobre mí para bautizarme. Así terminará el hechizo y mi alma tendrá el descanso.

La joven se acercó con temor a la fuente, metió su mano en el agua y, cogiendo un poco en su mano, la echó sobre la princesa, que sonrió feliz. Después puso su laúd junto a los pies de Jacinta, cruzó sus blancos brazos sobre el pecho y desapareció.

Jacinta se fue a acostar* asombrada y asustada. No pudo dormirse y, cuando llegó el día, pensó que habría sido un sueño. Pero, cuando bajó al salón, vio en el suelo un laúd de plata, brillando a la luz del sol.

Rápidamente buscó a su tía y le contó todo lo que había sucedido. Cuando Fredegunda vio el laúd y Jacinta empezó a tocarlo, se convenció de que todo era verdad. Los sonidos que salían de aquel laúd eran tan maravillosos que Fredegunda se emocionó.

* * *

La música de aquel laúd se hizo famosa y las personas que escuchaban desde fuera de la torre aquellos sonidos se quedaban asombradas de aquella maravilla. Su fama llegó a todas partes y los habitantes de Granada subían a la Alhambra para escuchar aquella música.

Todas las personas ricas y nobles del país querían escuchar a Jacinta tocar el laúd, que, acompañada por su tía, fue a tocar a sus casas, logrando tener muchos admiradores y enamorados. Su fama fue conocida en muchas ciudades. En Málaga, Sevilla, Córdoba y en toda Andalucía se hablaba de la bella artista de la Alhambra.

Mientras*, Felipe V se puso enfermo y, lleno de melancolía, no quería salir de sus habitaciones. Su esposa era la que gobernaba el Reino, sin saber cómo quitar esa tristeza al rey. Al conocer la fama de Jacinta, la reina escribió una carta para pedirle que fuera a tocar a palacio. Pocos días después, cuando la reina paseaba por los jardines de palacio, llegó Jacinta acompañada como siempre por su tía Fredegunda, que nunca dejaba de vigilar a su bella sobrina.

La reina se asombró al ver la belleza y modestia* de

la joven, que venía vestida con el típico* traje andaluz y traía en las manos el precioso laúd de plata.

Fredegunda contó a la reina que la familia de Jacinta era de origen* noble, aunque pobre, y que su padre había muerto luchando por sus reyes. La reina escuchó con atención y dijo a Jacinta:

—Si tu habilidad* para tocar el laúd es tan grande como tu fama, y si logras quitar al rey su tristeza, yo cuidaré de tu porvenir* y tendrás honores y riquezas.

Impaciente*, la reina llevó a Jacinta a las habitaciones del rey.

La joven seguía a la reina con timidez, pasando entre numerosas personas de la Corte y de los guardias del palacio, hasta que llegaron a las habitaciones del rey.

Estaban las ventanas cerradas para que no entrara la luz y todas las paredes de color negro. Alumbraban* la habitación grandes velas*. Había varios caballeros, vestidos de negro, con aspecto triste, que rodeaban al melancólico rey, que tenía en esos días, la manía* de que estaba muerto.

La reina señaló a Jacinta un asiento que había en un rincón de la habitación, para que se sentara y empezara a tocar el laúd. Con mano temblorosa empezó a tocar, pero poco a poco se tranquilizó* y logró tocar una maravillosa canción. El rey, que se creía muerto, pensó que eran ángeles* los que tocaban el laúd. Jacinta empezó a cantar y aquella canción que hablaba de héroes* y guerras animó tanto al rey que, cuando Jacinta terminó de cantar, miró a su alrededor, sus ojos se animaron, se levantó y pidió su espada. Se abrieron las ventanas y la brillante luz del sol entró en la habitación que unos momentos antes estaba triste y oscura. Todo el mundo miró a Jacinta, que vio entre aquella gente a su enamorado de la Alhambra. Su laúd cayó al suelo y ella también hubiera caído desmayada și el joven Ruiz de Alarcón no hubiera corrido a sostenerla entre sus brazos.

Poco tiempo después se casaron, pues la falta de noticias del joven sólo había sido por obedecer* a su orgulloso padre, que era anciano. y muy autoritario. La reina le pidió que dejara casarse a su hijo con Jacinta, que también era de noble familia.

La joven perdonó pronto el silencio de su enamorado, recibiendo muchos regalos y honores en su boda.

El laúd maravilloso fue durante mucho tiempo como un tesoro de la familia, pero más tarde lo robó un gran cantante. Cuando murió, pasó a poder de otra persona, que, ignorante* de su mágico poder, lo deshizo para quedarse con la plata y puso las cuerdas* en un viejo violín* que asombró al mundo entero. ¡Es el violín del famoso artista Paganini!

CAPÍTULO VIII

Después de haber escrito tanto sobre las leyendas de la Alhambra, voy a decir algo sobre su historia, o más bien, sobre el rey que la fundó y sobre el último que estuvo allí.

Para estudiar su historia tuve que olvidar la fantasía y la imaginación y hacer investigaciones en los viejos libros de la biblioteca de la universidad de Granada. Esta biblioteca, que fue célebre, actualmente ya no es tan importante, pues los franceses cuando dominaron Granada se llevaron los manuscritos* más interesantes y las obras raras*.

En esta vieja biblioteca pasaba largas horas de tranquilo estudio sin que nadie viniera a molestarme, pues me daban las llaves de los armarios y me dejaban solo. Esto no es frecuente que se haga en las bibliotecas,

65

donde las personas que investigan pueden tener el deseo de llevarse algunos de estos maravillosos libros.

Durante mis visitas a la biblioteca hice estos cortos apuntes* sobre la historia de la Alhambra.

* * *

Los moros de Granada miraron siempre la Alhambra como una maravilla y era tradición entre ellos que el rey que la fundó tenía un poder mágico y que con magia había logrado las grandes cantidades de oro que hicieron falta para construir la Alhambra.

El nombre de este primer rey de Granada está escrito en las paredes de algunos salones, y es Abu Abad'allah, es decir, el padre de Abdallah. Pero se le conoce en la historia musulmana con el nombre de Mohamed Abu Alhamar.

Nació en Arjona en el año 1195 y era descendiente de una noble familia. Sus padres gastaron mucho dinero en educarle, para que pudiera tener el importante cargo* que por su familia tenía derecho a ocupar.

En esa época ya había centros* de enseñanza en las principales ciudades, donde los jóvenes con dinero podían estudiar.

Abu Alhamar fue nombrado jefe de Arjona y Jaén, y pronto se hizo famoso por su bondad y justicia.

Algunos años después se dividió el poder musulmán en España. Los habitantes de muchas ciudades querían a Abu Alhamar, que era muy ambicioso y que aprovechó esta ocasión* para recorrer el país, siendo recibido con gran alegría.

Abu Alhamar en 1238 entró en Granada, entre los gritos de entusiasmo de sus habitantes. Fue rey y pronto se hizo el jefe de los musulmanes en España.

Su reinado fue muy próspero*. Dio el mando de sus numerosas ciudades a los que habían sido más valientes y prudentes y que además eran queridos por el pueblo;

organizó la policía y las leyes*. Los pobres y humildes eran siempre recibidos por él, siendo protegidos* y ayudados. Fundó hospitales para ciegos*, ancianos, enfermos y para todas las personas que no podían trabajar, visitándolas a menudo, sin avisar, para ver cómo estaban atendidos*. Se enteraba de los tratamientos* de enfermos y de la forma que los cuidaban. También fundó escuelas y colegios, que visitaba de la misma manera, sin avisar de su llegada, para evitar que le engañaran.

Puso carnicerías* y hornos* públicos para que todo el mundo pudiera tener alimentos a precios baratos* y mandó construir baños y fuentes en la ciudad. También llevó agua para regar* el campo.

De esta forma había abundancia y progreso en la hermosa ciudad, un gran comercio, industrias, y sus almacenes* estaban llenos de mercancías de todos los países. Abu Alhamar gobernaba sus tierras con gran inteligencia y bondad, cuando de repente empezó una guerra. Los cristianos querían volver a conquistar sus antiguas tierras. Jaime I el Conquistador ya había conquistado Valencia y Fernando el Santo casi toda Andalucía.

Abu Alhamar sabía que no podía vencer al poderoso rey Fernando y tomó una rápida decisión. Fue al campamento del rey cristiano y pidió ver al rey.

—Soy el rey de Granada —le dijo—. Confío en ti y me pongo bajo tu protección. Te doy todo lo que tengo y quiero ser súbdito tuyo.

Al decir esto se arrodilló y besó la mano del rey.

El rey Fernando se emocionó al ver la confianza que tenía en él y decidió ser generoso con Abu Alhamar. Le levantó, abrazando al que unos momentos antes era su enemigo. No quiso aceptar las riquezas que le ofrecía, pero sí le aceptó como súbdito, dejándole sus territorios, a cambio de algunos impuestos* que debería darle cada año. También podría asistir a las Cortes y debería ayudarle en la guerra con sus caballeros.

Poco tiempo después el rey Fernando llamó a Abu Alhamar para que le ayudara con su ejército a conquistar Sevilla. El rey moro fue con quinientos caballeros, los mejores de Granada. Fue una ocasión muy triste para Abu Alhamar, que tenía que luchar contra sus propios hermanos de religión. Se hizo famoso por su valor en esta triste conquista y además porque logró que el rey Fernando no fuera cruel con los vencidos.

Cuando en 1248 se rindió Sevilla, el rey moro Abu Alhamar volvió a sus territorios muy triste, al saber cuántas desgracias esperaban a los musulmanes.

Cuando llegó a su querida Granada, salieron a recibirle sus súbditos, que impacentes le esperaban. Al verle, le aclamaron* llamándole «El Victorioso». Abu Alhamar, muy triste, les dijo que «sólo Dios era el vencedor». Desde entonces mandó grabar esta frase en su escudo*, y así lo hicieron todos sus descendientes*.

Aprovechó los meses siguientes para hacer fortalezas en sus territorios y preparar sus armas, aunque no olvidó el arte. Dio premios a los mejores artistas; se criaron animales y mejoraron la agricultura*, logrando que los hermosos valles de aquellas tierras fueran los mejores.

También ayudó a la fabricación de la seda, hasta lograr que las telas hechas en Granada fueran las más bellas del mundo. Trabajaron en las minas de oro y plata que había en las montañas y fue el primer rey de Granada que tuvo monedas de oro y plata con su nombre.

Durante este tiempo empezó a construir el palacio de la Alhambra, cuidando él mismo su construcción y los trabajos de los artistas.

Aunque era tan espléndido* en todas sus obras, también era muy modesto. Vestía con sencillez, casi como cualquiera de sus súbditos. En su harén, tenía pocas mujeres, a las que visitaba muy raras veces. Estas mujeres eran hijas de las familias nobles y las trataba como amigas y compañeras, logrando además que tuvieran amistad entre ellas, viviendo en paz.

Pasaba mucho tiempo en los jardines de la Alhambra, donde había llevado las plantas más raras y las flores más hermosas. Allí leía y otros ratos se ocupaba en educar a sus tres hijos, que tenían además los mejores maestros.

Como había prometido ser súbdito del rey cristiano, cumplió siempre su promesa, y cuando murió este rey, Abu Alhamar envió embajadores para dar el pésame* a su sucesor*, Alfonso X.

Abu Alhamar vivió muchos años y conservó su inteligencia hasta que murió a los setenta y nueve años, cuando salió a defender sus territorios de una invasión*.

Al salir su ejército de Granada, uno de sus más valientes caballeros rompió, por casualidad, su lanza* al tropezar con una puerta. Esto era una mala señal y todos sus súbditos rogaron al rey que no saliera a luchar. Pero Abu Alhamar no quiso hacer caso y dicen los historiadores árabes que, cuando llegó el final de la tarde, el rey estaba muy enfermo y casi no podía estar sobre su caballo. Tuvieron que llevarle de nuevo a Granada, pero antes de llegar se puso muy grave y tuvieron que dejarle en la vega, en una tienda de campaña. Sus médicos no sabían qué hacer y pocas horas después murió con horribles dolores.

El hermano del rey Alfonso X, Infante Don Felipe, estaba a su lado cuando murió. Su cuerpo fue embalsamado*, metido en una caja de plata y enterrado en la Alhambra, entre la tristeza de sus súbditos.

Éste fue el rey que fundó la Alhambra. Su nombre está escrito en este solitario palacio. Gastó mucho dinero en sus obras, pero siempre tenía dinero para sus grandes gastos. Por este motivo, la gente pensaba que sabía magia y que podía hacer oro.

CAPÍTULO IX

Yusef Abul Hagig, el rey que terminó la Alhambra

Debajo de las habitaciones del gobernador de la Alhambra está la Mezquita Real, donde iban los reyes árabes. Aunque después fue capilla* católica, tiene todavía restos* de la construcción árabe. Están las columnas y juntos los escudos de los reyes moros y los cristianos.

En esta Mezquita murió el ilustre Yusef Abul, que terminó la Alhambra y que fue tan bondadoso e inteligente como su fundador.

Yusef Abul empezó a reinar en el año 1333 y sus muchas virtudes lograron que todos sus súbditos le quisieran.

Tenía belleza y una gran fuerza física. Su piel era blanca y su barba era larga y se la teñía* de color negro. Tenía una extraordinaria memoria*, una gran cultura y además era uno de los mejores poetas de su época. Era muy amable y educado con todo el mundo; valiente, aunque se entristecía mucho cuando era necesario empezar alguna guerra, lo que era muy frecuente en aquellos tiempos. Pero, gracias a su bondad, los enfermos, ancianos, mujeres y niños estaban siempre lejos del peligro y prohibía toda crueldad que no fuera necesaria.

Entre sus empresas está la guerra que hizo con el rey de Marruecos, contra los reyes de Castilla y Portugal, y que terminó con la famosa batalla del Salado [34]. Esta derrota* terminó con el poder musulmán en España.

Después de esta batalla hubo paz durante mucho tiempo, y Yusef Abul estuvo dedicado a dar cultura y a mejorar* las costumbres de sus súbditos. Fundó escuelas en todos los pueblos, con sencillos métodos* de

---

[34] Batalla del Salado=Célebre batalla ganada por Alfonso XI a los musulmanes en el año 1340.

educación; obligó* a que todos los pueblos, aunque fueran pequeños, tuvieran una mezquita; se mejoró la policía; terminó los edificios que había empezados y construyó otros. Terminó también la Alhambra y construyó la Puerta de la Justicia, que forma la entrada principal. Embelleció los patios y salones del Palacio, donde hay numerosas inscripciones repitiendo su nombre, y construyó también el Alcázar de Málaga, que ahora sólo son unas ruinas.

Las familias ricas de Granada, imitando a su rey, adornaron la ciudad con hermosos y lujosos palacios. Casi todas las casas tenían fuentes, que con sus surtidores refrescaban el ambiente. Todo era bueno y elegante. Un escritor árabe dice: «Granada, en los tiempos de Yusef, era un vaso* de plata cubierto de esmeraldas* y de jacintos*.»

Terminó la paz que siguió a la batalla del Salado y Yusef no pudo evitar que su enemigo Alfonso XI de Castilla, con un gran ejército, atacara Gibraltar. Yusef envió tropas* para ayudar a la ciudad y poco después se enteró de que su enemigo había muerto de peste*. Pero Yusef en vez de alegrarse por su muerte, dijo con gran tristeza: «El mundo ha perdido uno de sus mejores príncipes.» Era un rey que reconocía* el mérito*, lo mismo en sus amigos que en sus enemigos.

Los historiadores españoles dicen que los caballeros moros llevaron luto [35] por la muerte de Alfonso XI, y los mismos habitantes de Gibraltar, cuando supieron que el rey había muerto allí, en su campo, decidieron no atacar a los cristianos.

El día que el ejército cristiano se marchó con el cadáver de don Alfonso, salieron los moros de Gibraltar y, mudos* y melancólicos, vieron la triste marcha. El mismo respeto tuvieron todos los jefes de las ciudades

---

[35] llevar luto = llevar trajes de color negro en señal de duelo por la muerte de alguna persona.

musulmanas, permitiendo que pasara el ejército cristiano llevando el cuerpo de su rey, desde Gibraltar hasta Sevilla.

Yusef murió poco tiempo después que su enemigo el rey Alfonso XI. Un día que estaba en la Mezquita Real de la Alhambra, un loco* le clavó un puñal. Cuando llegaron sus guardias, le encontraron lleno de sangre. Le llevaron rápidamente a sus habitaciones, donde murió poco después.

El asesino fue descuartizado* y sus restos* quemados públicamente*

El cadáver del rey moro fue enterrado en un sepulcro de mármol blanco, con una inscripción que recordaba sus muchas y grandes virtudes.

La Mezquita donde le mataron existe todavía, pero su sepulcro desapareció hace mucho tiempo. Su nombre, sin embargo, sigue escrito en los adornos de la Alhambra y allí seguirá mientras exista esta famosa fortaleza, que Yusef Abul Hagig terminó y llenó de belleza.

GLOSARIO

Abandono.—Descuido, desaliño.

Abejas.—Insectos que producen la cera y la miel.

Abencerrajes.—Célebres musulmanes .convertidos al catolicismo.

Abogado.—Persona que se dedica a defender en juicio los intereses de otras personas.

Aborrecerlos.—Odiarlos.

Abuelo.—Padre del padre o de la madre.

Acequias.—Canales para conducir el agua.

Aclamar.—Vitorear. Mostrar la multitud su aprobación con aplausos y gritos.

Acostar.—Tumbar a una persona para que descanse o duerma.

Activo.—Trabajador, eficaz, diligente.

Acueductos.—Conductos artificiales para llevar el agua a un lugar determinado.

Acuerdo (estar de).—Que está conforme, que tiene la misma opinión, que le parece bien.

Acusado.—Culpado, delatado, denunciado. Decir que una persona ha cometido un delito.

Adivinar.—Descubrir las cosas ocultas. .Acertar, saber. Conocer el futuro.

Adornos.—Objetos que se ponen para mejorar algo.

Aficiones.—Todo aquello que gusta hacer, sin tenerlo como profesión.

Afueras.—Cerca de alguna ciudad. Lo que la rodea. Alrededores.

Agarrada.—Cogida fuertemente con la mano.

Ágil.—Ligero, que se mueve con facilidad.

Agitarse.—Moverse violentamente.

Agradable.—Grato, apacible, complaciente.

Agradecimos.—Reconocimos los favores recibidos.

Agricultura.—Ciencia del cultivo de la tierra.

Agrietado.—Abierto, roto, con grietas.

Águilas.—Ave rapaz.

Agujero.—Abertura, boca, hendidura, hoyo.

Aisladas.—Incomunicadas, apartadas, solitarias.

Alá.—Nombre árabe del Ser Supremo, de Dios.

Alameda.—Paseo con árboles, sitio con álamos.

Alberca.—Depósito artificial de agua.

Alcalde.—Persona que manda en el ayuntamiento de un pueblo o ciudad.

Alcoba.—Dormitorio. Habitación para dormir.

Alegres.—Que causan o sienten alegría. Contentos, eufóricos.

Alguacil.—Empleado que realiza las órdenes del juez. Empleado del ayuntamiento.

Alguien.—Una persona cualquiera.

Almacenes.—Lugares donde se guardan géneros y también donde se venden.

Almas.—Espíritus.

Alpujarra.—Región montañosa de Andalucía. Se llama así a una tela fabricada a mano en esa región.

Alrededor.—En círculo, rodeando, cerca de... Afueras de una ciudad.

Alta.—Elevada, de gran estatura.

Altar.—Lugar destinado para celebrar la misa.

Altura.—Calidad de alto. Elevación sobre la superficie de la tierra.

Alumbraba.—Iluminaba, daba luz.

Amurallado.—Que está rodeado por una muralla.

Anciana.—Mujer de mucha edad, vieja.

Ancho.—Holgado, amplio.

Andaluz.—Persona que ha nacido en Andalucía.

Anécdota.—Relato breve de algo notable o curioso.

Ángeles.—Espíritus celestes creados por Dios.

Angustia.—Pena, aflicción, congoja, desesperación.

Animó.—Dio, infundió energía, valor, fuerza.

Anochecer.—Cuando se acerca la noche. Cuando termina la luz del día.

Ansiedad.—Deseo, querer algo con vehemencia.

Antepasados.—Personas de la familia que vivieron antes. Ascendientes, antecesores.

Anteriores.—Que preceden en lugar o tiempo. Que están hechas antes.

Antiguos.—Que existen desde hace mucho tiempo o existían en tiempos remotos.

Antorchas.—Mechas que se hacen de esparto y alquitrán, que encendidas dan luz y no las apaga el viento.

Apareció.—Se dejó ver, se mostró, se encontró.

Apasionado.—Persona que tiene una pasión o afecto muy intenso. Tierno, afectuoso, muy cariñoso.

Apetecía.—Deseaba, gustaba, tenía ganas.

Apodo.—Nombre que se da a una persona inspirado en sus defectos u otra circunstancia. Mote.

Árabe.—Perteneciente a Arabia.

Arañas.—Insectos de ocho patas que tejen una red.

Arco.—Construcción en forma de línea curva. Armas que sirven para disparar flechas.

Armados.—Que tienen armas.

Armas.—Utensilios que sirven para atacar, herir o defenderse.

Arquitecto.—Persona que se dedica a proyectar y construir edificios.

Arreglaron.—Pusieron en orden. Repararon lo que estaba roto o estropeado.

Arrepintió.—Sentir pena por haber hecho algo o haber dejado de hacerlo.

Arroyo.—Corriente de agua de poco caudal.

Arruinado.—Que ha perdido todos los bienes que tenía. Que ya no tiene dinero.

Asesinados.—Personas que fueron muertas por otras.

Asientos.—Mueble o lugar para sentarse.

Asomado.—Sacando la cabeza o parte del cuerpo por la ventana o un hueco parecido.

Asombrados.—Admirados, maravillados, pasmados, sorprendidos. Con una impresión muy intensa por algo raro o que no se esperaba.

Aspecto.—Presencia exterior, apariencia.

Áspero.—Desapacible al tacto, al oído o al gusto. Es lo contrario de suave.

Astrólogos.—Personas que estudian los astros.

Astuto.—Hábil, listo, agudo, sagaz.

Asuntos.—Temas, cuestiones, argumentos de algo, materia de que se trata o habla.

Ataques.—Agresiones.

Atardecer.—Al acabar la tarde, antes de llegar la noche.

Atendidos.—Cuidados, vigilados.

Atmósfera.—Masa de aire que envuelve a la tierra.

Atravesar.—Pasar, cruzar penetrando de parte a parte.

Audiencia.—Lugar donde los jueces y las autoridades oyen y juzgan.

Aullidos.—Quejidos prolongados del perro, lobo, etc.

Aumenta.—Se acrecienta, se hace mayor, más grande.

Aunque.—A pesar de que.

Autoritario.—Que impone su voluntad, que manda.

Aventuras.—Sucesos, acontecimientos extraños. Relaciones amorosas fuera del matrimonio.

Aves.—Animales con alas, pico y plumas.

Ayudante.—El que está a las órdenes de un superior y le ayuda en su trabajo.

Azulejos.—Ladrillos pequeños esmaltados.

Balcón.—Hueco abierto en los edificios desde el suelo de la habitación, con barandilla y que generalmente sobresale de la fachada.

Bandeja.—Plato usado para servir dulces, refrescos, etc.

Bandido.—Ladrón que robaba a las personas cuando iban de viaje.

Banquete.—Comida para celebrar algún acontecimiento. Comida muy abundante y buena.

Baratos.—Vendidos o comprados por poco dinero.

Barba.—Pelo que nace en la cara de los hombres.

Barranco.—Abismo, despeñadero.

Barras.—Piezas mucho más largas que gruesas, de metal.

Barrio.—Sector de un pueblo o ciudad.

Bastante.—Suficiente, ni mucho ni poco.

Bastón.—Palo o vara para apoyarse al andar.

Batallas.—Combates, peleas.

Bautizadas.—Personas a quienes se les ha administrado el sacramento del bautismo, primero de la Iglesia y con el que se convierte una persona en cristiano.

Bendición.—Pedir, invocar la protección divina en favor de algunas personas.

Bermejas.—De color rojo.

Bienes.—Riquezas, hacienda, dinero.

Boabdil.—Último rey moro de Granada, en 1492.

Bondadoso.—Persona que hace el bien, que es bueno.

Bonita.—Linda, bien parecida, agradable a la vista, guapa.

Borde.—Orilla.

Bota.—Bolsa de cuero para llevar vino.

Bridas.—Frenos y correaje que lleva el caballo para poderlo conducir.

Brotando.—Echando la tierra plantas, hierbas. Saliendo.

Bruja.—Mujer que, según creencias, tiene poderes sobrenaturales y diabólicos. Por lo general es fea y vieja.

Bueno.—Que hace bien, que beneficia. Sano, sin enfermedades.

Búhos.—Aves rapaces grandes.

Buitres.—Aves que se alimentan de la carne de animales muertos.

Burlaban.—Ridiculizaban, engañaban, frustraban.

Cadáver.—Cuerpo muerto.

Cadenas.—Varios anillos (eslabones) enlazados entre sí. Se hacen de hierro o de otros metales.

Calmó.—Sosegó, tranquilizó.

Calumniado.—Acusado falsamente.

Calurosas.—Que tienen o causan calor.

Camarera.—Criada, sirvienta, que sirve en hoteles, restaurantes, buques.

Campamento.—Lugar donde los soldados se instalan en el campo.

Campanadas.—Ruidos, sonidos que hacen las campanas para marcar las horas.

Campanillas.—Campanas pequeñas.

Campesino.—Persona que trabaja y vive del campo.

Capa.—Prenda de vestir, suelta y sin mangas que se pone encima del traje.

Capilla.—Habitación, lugar pequeño con altar.

Capricho.—Deseo, antojo, idea repentina.

Carácter.—Forma de ser de una persona o cosa.

Característica.—Relativo al carácter. Calidad que sirve para distinguir y diferenciar una persona o cosa de sus semejantes.

Cargados.—Con mercancías. Llevar una persona, animal o vehículo.

Cargar.—Preparar un arma para poder disparar.

Cargo.—Empleo, trabajo, oficio, colocación.

Carnicerías.—Tiendas para vender carne.

Carpintero.—Persona que trabaja la madera, que hace muebles.

Casi.—Aproximadamente, poco menos, por poca diferencia.

Castañuelas.—Dos pequeños trozos de madera que se hacen sonar con los dedos.

Castilla.—Región de España.

Castillo.—Edificio fuerte, amurallado.

Casualidad.—Imprevisto, algo que sucede sin esperarlo, ni prepararlo.

Celebran.—Hacen con solemnidad alguna fiesta para señalar algún acontecimiento.

Cementerio.—Terreno, lugar destinado a enterrar a las personas muertas.

Cenó.—Comió por la noche.

Cerca.—Próximo, al lado, no lejos.

Cerrojos.—Barras de hierro para cerrar puertas, ventanas, etc.

Cerros.—Tierra aislada y con pequeñas elevaciones.

Cesto.—Recipiente, cesta.

Ciegos.—Que no ven, privados de la vista.

Cima.—Parte más alta de una montaña, cumbre.

Cimientos.—Parte de los edificios que está debajo de la tierra y que sirve como base.

Cintas.—Tela larga y estrecha que sirve para atar o adornar.

Cinturón.—Cinta que se pone en la cintura para sujetar la falda, pantalones o sólo para adornar.

Clara.—Limpia, transparente.

Cobarde.—Persona sin valor, que tiene miedo.

Colgados.—Suspendidos, sin que lleguen al suelo. Colgantes.

Colinas.—Elevaciones del terreno, más pequeñas que las montañas.

Columnas.—Pilares. Apoyos generalmente de forma cilíndrica, mucho más alto que ancho, que sirven para sostener techos o adornar edificios y muebles.

Collares.—Adornos que se llevan puestos rodeando al cuello.

Comedia.—Obra de teatro.

Comitiva.—Acompañamiento, séquito. Personas que van con otra que tiene un cargo importante en un país.

Cómodamente.—A gusto, sin dificultades.

Compasión.—Sentimiento de pena y tristeza que se tiene por los males y desgracias de otras personas.

Confesor.—Sacerdote que escucha los pecados de los católicos.

Conmovida.—Emocionada, impresionada profundamente.

Conoce.—Sabe, entiende.

Conquista.—Ganar por medio de una batalla, un territorio o una ciudad. Enamorar a una persona.

Consejo.—Decir una persona a otra lo que debe hacer, por creerlo mejor.

Conserje.—Empleado que cuida la limpieza de una casa o establecimiento y que tiene las llaves.

Consolar.—Aliviar de algún mal, ayudar.

Conspiraban.—Se unían varias personas para hacer algo en contra de quien mandaba.

Consultarles.—Pedirles la opinión, lo que piensan sobre algo a otras personas.

Convenciera.—Probara, demostrara una cosa de manera que no se pueda dudar.

Convento.—Casa donde viven los religiosos, bajo las reglas de su comunidad.

Convertido.—Vuelto de otra forma, mudado.

Corte.—Ciudad donde vive el rey, su familia y el gobierno.

Corriente.—Movimiento de las aguas de un río o del mar en una dirección determinada.

Cosecha.—Recolección. Recoger los frutos de la tierra.

Cosiendo.—Uniendo con hilo dos pedazos de tela.

Costa.—Orilla del mar y la tierra que está cerca.

Costumbre.—Hábito, modo habitual de hacer algo.

Criado.—Persona que trabaja en el servicio de una casa. Sirviente.

Crónicas.—Escritos de hechos que han ocurrido.

Cruel.—Malo, sin piedad, malvado.

Cuarto.—Habitación.

Cuerdas.—Conjunto de hilos de cáñamo u otra materia semejante que forman un solo cuerpo más o menos grueso, largo y flexible que sirve para atar y sujetar.

Cuesta.—Terreno en pendiente.

Cuevas.—Cavernas, sótanos, subterráneos. Huecos debajo de la tierra o de un edificio.

Cuidaba.—Asistía, guardaba, se preocupaba, ayudaba.

Cultura.—Conocimientos, resultados de lo que se aprende.

Cumplió.—Realizó, ejecutó, logró.

Curiosa.—Persona que desea enterarse, saber todo lo que ve. Rara, extraña.

Chaqueta.—Prenda exterior de vestir que llega hasta las caderas.

Chumberas.—Plantas.

Damasco.—Tela, tejido de lana o seda que forma dibujos. Ciudad de Siria.

Débil.—Falto de fuerza, de energía moral o física.

Decidimos.—Tomamos una determinación, una resolución, formamos un juicio determinado sobre algo.

Decoraron.—Adornaron, pusieron cosas para que estuviera más bonito.

Defecto.—Imperfección, falta.

Degollados.—Que les han cortado la garganta o el cuello.

Delincuentes.—Malhechores, personas que cometen delitos, que no respetan la ley.

Depósitos.—Grandes recipientes artificiales o naturales para guardar el agua.

Derretida.—Hacerse líquida por medio del calor.

Derrota.—Vencimiento de un ejército. Perder una batalla.

Descendientes.—Personas que proceden de otras.

Descuartizados.—Despedazados, divididos sus cuerpos en varios trozos.

Desembarcaron.—Salieron de una embarcación.

Desesperaba.—Que perdía toda esperanza, se llenaba de tristeza.

Desgraciado.—Persona con mala suerte. Infeliz, desafortunado, que le suceden muchas cosas malas.

Desmayara.—Perdiera el conocimiento, el sentido.

Desorden.—Falta de orden, confusión.

Desterrado.—Que le han echado de su tierra.

Destronaron.—Quitaron al rey el poder, el reino.

Destruyeron.—Rompieron, arruinaron, deshicieron, arrasaron.

Dicen.—Hablan, comentan, cuentan otras personas.

Discreta.—Prudente, que no hace nada peligroso ni habla demasiado.

Disfrazarse.—Vestirse con traje distinto al normal para que no le conozcan.

Disparaba.—Hacía que un arma despidiera el proyectil, la bala.

Distancia.—Espacio, sitio que hay entre dos lugares.

Distinguida.—Elegante, bien parecida, con nobleza.

Divierten.—Entretienen, alegran, distraen. Pasan el tiempo sin aburrirse.

Dolores.—Nombre propio femenino. Sufrimiento físico o moral.

Dominaban.—Tenían en su poder, vencían, mandaban.

Dorados.—De color oro.

Dudaba.—Sospechaba, no creía, no daba crédito a lo que oía.

Dueño.—Amo, propietario.

Dulce.—Con buen carácter, apacible, bondadoso. Del sabor de la miel o el azúcar.

Duro.—Resistente, fuerte.

Edificio.—Casa, obra construida para vivienda, tienda, templo, etcétera.

Educación.—Haber tenido una enseñanza, tener cultura, conocimientos.

Ejército.—Las fuerzas militares de un país.

Embajadores.—Personas que representan a un país, ante otro gobierno.

Embalsamado.—Preparado el cadáver para evitar que se pudra, que se estropee.

Emoción.—Impresión, sensación.

Enamorados.—Personas que sienten amor por otras.

Encantado.—Que tiene un poder mágico, embrujado. Satisfecho, contento.

Encargados.—Personas que cuidan algo.

Encerrado.—Metido dentro de un sitio de donde no se puede salir.

Entierro.—Dar sepultura a una persona muerta.

Envejecidas.—Estropeadas, que se han hecho viejas.

Equipaje.—Conjunto de ropas y objetos de uso personal que se llevan en un viaje.

Ermita.—Santuario o capilla, generalmente pequeño que suele estar en las afueras de un pueblo o una ciudad.

Esbelta.—Gallarda, elegante, delgada.

Escena.—Suceso, hecho especial, curioso, de la vida real.

Escenario.—Parte del teatro donde los actores representan, actúan.

Escombros.—Trozos, restos que quedan de un edificio derribado.

Escopeta.—Arma larga de fuego.

Escrituras.—Documentos que sirven para demostrar que se es dueño de algo.

Escudo.—Dibujo con distintas figuras que significan los honores y la gloria de cada familia o ciudad.

Esmeraldas.—Piedras preciosas de color verde.

Espectador.—Persona que asiste a un espectáculo, como teatro, cine, fútbol, etc.

Esperanza.—Esperar, confiar en lograr una cosa.

Espléndido.—Admirable, magnífico, suntuoso, generoso.

Estanque.—Sitio preparado donde hay agua. Parecido a una piscina.

Estatura.—Altura de una persona.

Estilo.—Modo, manera, carácter propio que da un artista a sus obras.

Estrecho.—Que tiene poca anchura, ajustado, apretado.

Estrella.—Astro fijo que brilla por su propia luz.

Estribos.—Piezas que se ponen a los caballos y donde apoya los pies la persona que va montada.

Etropeados.—Rotos, viejos, maltratados.

Europeo.—Perteneciente a Europa.

Experiencia.—Todo lo que se sabe y se conoce, por la práctica, el uso o sólo con el paso de los años.

Explanada.—Espacio de terreno llano, sin casas.

Facciones.—Cualquiera de las partes del rostro humano.

Familia.—Parientes. Personas que viven juntas y están unidas por vínculos de parentesco.

Famoso.—Célebre, que es conocido públicamente.

Fantasma.—Ser que no es real, que es imaginario y que se cree ver.

Fantásticas.—Fuera de la realidad, que parece efecto de la imaginación.

Favorita.—Preferida, que tiene privilegios.

Fiel.—Leal, que no engaña, que no traiciona.

Fiesta.—Días que no se trabaja. Diversiones para celebrar alguna solemnidad.

Firmas.—Nombre y apellidos que una persona escribe al final de un escrito.

Fondo.—Parte inferior de una cosa hueca.

Fortaleza.—Recinto, lugar protegido, rodeado de muros para su defensa.

Frecuente.—Que ocurre o se hace a menudo, muchas veces.

Fresco.—Un poco frío, sin llegar a molestar. Sinvergüenza.

Frívolo.—Superficial, que cambia fácilmente de pensamiento, que no hace las cosas con seriedad.

Frontera.—Límites, términos de un país.

Fruta.—Producto de algunos árboles de la tierra que se recoge en las cosechas.

Fuentes.—Lugar donde sale agua, natural o preparado artificialmente.

Fuerte.—Robusto, poderoso, con fuerza.

Furioso.—Con ira, muy enfadado.

Futuro.—Porvenir, tiempo que vendrá.

Garbanzos.—Plantas que se pueden comer. Con ellos se hace el «cocido» español.

Gente.—Personas.

Gestos.—Expresiones de la cara, muecas, ademanes.

Gigantesca.—Muy grande, enorme, extraordinario.

Gobernador.—Jefe superior de una provincia. Representante del gobierno.

Golpe.—Encuentro violento de un cuerpo con otro.

Grabado.—Señalado, marcado sobre una superficie de piedra, metal, madera, etc.

Gracia.—Atractivo, donaire.

Grillos.—Insectos que producen un sonido agudo y monótono.

Gritos.—Voces muy altas.

Gruesas.—Anchas, gordas.

Grupa.—Montado en la parte de atrás del caballo.

Grupos.—Varias personas juntas.

Guadix.—Ciudad de la provincia de Granada.

Guardias.—Personas que defienden a las personas y hacen cumplir la ley.

Guerreros.—Soldados, militares.

Guía.—Persona que dirige, que enseña el camino. Persona autorizada que acompaña a los turistas para enseñar las ciudades y los museos.

Habilidad.—Destreza, capacidad, inteligencia y disposición para hacer algo.

Habitantes.—Personas que viven en un país, una ciudad, etc.

Halcón.—Ave rapaz.

Hamacas.—Redes que, colgadas por los extremos, sirven de camas.

Harén.—Conjunto de mujeres de un musulmán. Habitaciones de las mujeres.

Heredera.—Persona a quien le corresponden los bienes de otra al morir.

Héroes.—Personas que hacen hechos muy valientes y virtuosos.

Herraduras.—Hierros que se clavan a las caballerías en las patas.

Hierbas.—Plantas pequeñas.

Higueras.—Árboles frutales que dan las brevas y los higos.

Historiador.—Persona que escribe hechos que han ocurrido, que estudia la historia.

Historias.—Cuentos, fábulas, leyendas, relaciones breves de aventuras o sucesos.

Hogueras.—Leña o materias combustibles que, encendidas, levantan llamas.

Honradas.—Personas con honor, decencia y rectitud.

Hornos.—Obra hecha en forma de bóveda para encender fuego dentro y cocer cosas, como pan, carne, etc.

Horrorosos.—Que son terribles, horribles.

Huellas.—Señales, impresiones.

Huérfana.—Persona que ha perdido al padre o a la madre.

Huertas.—Terrenos destinados al cultivo de legumbres y árboles frutales.

Humildes.—Pobres, de clase social baja.

Humillaciones.—Desprecios, actos que hacen sufrir el orgullo y la vanidad de una persona.

Humor (buen).—Buen genio, jovial, agudo, ingenioso, alegre.

Ignorante.—Sin cultura. Persona que no sabe, que no conoce, que no tiene noticia de algo.

Iluminaban.—Daban luz, alumbraban.

Ilustre.—Insigne, de origen distinguido, noble.

Imagina.—Piensa, cree algo que no conoce.

Imitación.—Hacer una cosa igual a otra.

Impaciente.—Falta de paciencia, que no puede esperar.

Impuestos.—Tributos, cargas, dinero que hay que pagar al estado.

Incansable.—Que no se fatiga, que no se cansa.

Infancia.—Niñez, edad del niño desde que nace hasta la adolescencia.

Infantas.—Hijas legítimas de un rey, nacidas después del primer hijo.

Ingratitud.—Desagradecimiento, olvidar el beneficio, el favor recibido.

Inmóvil.—Quieto, que no se mueve.

Inocencia.—Libre de culpa o pecado, que no tiene malicia.

Inquisidor.—Juez de la Inquisición.

Inscripciones.—Escritos grabados en piedra, metal o madera para conservar el recuerdo de un suceso importante.

Instalarnos.—Hospedarnos, quedarnos en una casa.

Interior.—Que está por la parte de dentro.

Inútil.—Que no vale, nulo, que no sirve.

Inválido.—Persona que tiene un defecto físico y no puede tener sus actividades normales.

Invasión.—Entrada de un ejército por la fuerza en un territorio.

Inventan.—Crean, hallan, descubren.

Investigaciones.—Estudios, trabajos para descubrir una cosa.

Jacintos.—Planta y su flor. Nombre de persona.

Jaula.—Caja hecha con alambres, para encerrar pájaros o animales pequeños.

Jovencita.—Mujer de poca edad, muy joven.

Joyas.—Alhajas, piezas de oro, plata o platino con perlas o piedras preciosas.

Juerguistas.—Personas aficionadas a las aventuras amorosas, diversiones nocturnas y a la bebida.

Juramentos.—Promesas.

Labores.—Trabajos de coser, bordar.

Ladraban.—Voces de los perros.

Lámpara.—Aparato para dar luz.

Lanzas.—Armas compuestas de un palo de madera y una punta de hierro en un extremo.

Largos.—Dilatados, excesivos, extensos.

Lástima.—Compasión, que causa pena y tristeza.

Laúd.—Antiguo instrumento de cuerda.

Lector.—Persona que lee.

Lejana.—Distante, que está lejos, a mucha distancia.

Leyendas.—Cuentos, historias, relatos de sucesos tradicionales.

Leyes.—Conjunto de reglas, preceptos, principios a que están sometidas las personas en todas las sociedades civiles.

Limoneros.—Árboles cuyo fruto es el limón.

Loco.—Enfermo que ha perdido la razón. De poco juicio, disparatado e imprudente.

Loro.—Papagayo. Pájaro que tiene la facultad de repetir las palabras que oye.

Luces.—Aparatos para alumbrar, para dar luz.

Lugares.—Sitios, parajes, tierras.

Lujoso.—Rico, con adornos, con lujo.

Llanuras.—Terrenos extensos y llanos. Igualdad de una superficie.

Llaves.—Piezas de metal para abrir y cerrar las cerraduras.

Maduraron.—Se hicieron, se formaron, se pusieron en su punto.

Mágico.—Poder extraño, sobrenatural.

Magníficos.—Espléndidos, suntuosos, excelentes.

Manía.—Forma de locura. Preocupación intensa y constante por un tema, por una cosa determinada.

Manchas.—Señales, marcas de suciedad.

Mancha (La).—Región de España.

Mantas.—Prendas generalmente de lana que sirven para abrigarse en la cama.

Mármol.—Piedra caliza que puede pulimentarse.

Manuscritos.—Escritos a mano. Papel o libro escrito a mano, códice.

Mayor.—Más grande, con más extensión. Con más años, más viejo.

Mediana.—Que no es muy alto ni muy bajo.

Medianoche.—A las 12 de la noche.

Médico.—Que está capacitado para ejercer la medicina.

Medio (en).—En la mitad de algo. La mitad.

Mejillas.—Cada una de las dos partes del rostro humano, debajo de cada ojo.

Mejorar.—Hacer mejor, con más calidad, superior. Recobrar la salud perdida.

Melancólico.—Que tiene tristeza, pena.

Memoria.—Facultad por la cual se recuerda.

Mendigo.—Pobre, sin dinero, sin trabajo. Persona que vive de la caridad.

Menores.—Más pequeños, con menos años, más jóvenes.

Mentira.—No decir la verdad, engañar.

Menudo (a).—Muchas veces, con frecuencia.

Meriendas.—Comida ligera que se hace por la tarde, antes de la cena.

Méritos.—Valores, virtudes.

Métodos.—Procedimientos, sistemas, modos de hacer una cosa.

Mezquita.—Templo de los mahometanos.

Mientras.—Durante el tiempo en que..., a la vez que...

Militares.—Personas que tienen como profesión o trabajo servir en la milicia, en el ejército.

Mimado.—Tratado con mucho cariño.

Mirador.—Balcón cerrado con cristales. Galería.

Misa.—Ceremonia de la Iglesia Católica.

Misterio.—Cosa secreta, que no se conoce.

Modestia.—Humildad, recato, sencillez, sin lujo.

Modistas.—Personas que hacen prendas de vestir para señora.

Molino.—Edificio donde hay una máquina para moler, machacar, triturar harina, que funciona con el agua.

Monedas.—Dinero. Piezas de oro o de cobre, redondas con el sello del gobierno que manda en el país.

Moriscas.—Moros que después de la Reconquista se convirtieron al cristianismo y se quedaron en España.

Moros.—Personas de la parte de África Septentrional, cercana a España.

Motivo.—Causa o razón para hacer una cosa.

Muchacho.—Chico, niño que no ha llegado a la adolescencia.

Mudos.—Personas que no pueden hablar.

Muertos.—Cadáveres, que están sin vida.

Mulos.—Animales, hijo del asno y la yegua o de caballo y burra, menos ágil que el caballo.

Muralla.—Construcción hecha de piedra para defender una ciudad o un lugar.

Murciélagos.—Mamífero volador, parecido al ratón.

Musulmanes.—Mahometanos, que profesan la religión de Mahoma.

Nadie.—Ninguna persona.

Nájera.—Pueblo de Andalucía.

Naturalidad.—Sencillez, sin afectación.

Nerviosa.—Excitada, violenta.

Nevado.—Cubierto de nieve.

Nidos.—Construcción que forman las aves para poner sus huevos y criar sus pollos.

Niegas.—Dices que no es verdad, que no es cierto.

Nieve.—Agua de lluvia congelada que cae de las nubes formando copos blancos.

Nieto.—Hijo del hijo.

Nobleza.—Honradez, fidelidad, bondad. Aristócratas, ilustres, personas con título nobiliario.

Notó.—Observó, se dio cuenta.

Novios.—Hombre y mujer que tienen relaciones amorosas con propósito de casarse.

Numerosos.—Muchos, gran número.

Obedecer.—Cumplir la voluntad de la persona que manda.

Obispos.—Altas jerarquías de la Iglesia.

Obligó.—Hacer que una persona haga algo con imposición a la fuerza.

Ocasión.—Oportunidad, tiempo adecuado para hacer o lograr algo.

Ocultas.—Escondidas.

Ocurre.—Acontece, sucede, viene de repente a la imaginación.

Odiaba.—Aborrecía.

Oficios.—Trabajos, profesiones, ocupación habitual.

Ofreció.—Entregó voluntariamente.

Orgullosos.—Soberbios, arrogantes. Personas que tienen una idea muy elevada de la dignidad personal.

Origen.—Raíz, comienzo.

Orilla.—Borde, límite de la tierra que está junto al río.

Oscura.—Con poca luz.

Pacífico.—Sosegado, con paz, sereno.

Paisaje.—Terreno en su aspecto artístico.

Paje.—Joven que acompañaba a su amo, que servía a la mesa y hacía otros trabajos en la casa. Actualmente no existe.

Pálidos.—Amarillentos, descoloridos, sin color.

Papa.—Máxima jerarquía de la Iglesia en la tierra. Vicario de Cristo.

Paredes.—Muros, tapias, vallas.

Parejas.—Novios, un hombre y una mujer que tienen relaciones amorosas. Dos.

Parte (una).—Un trozo, un poco de algo.

Partir.—Marchar, ir. Romper, hacer pedazos.

Pasado.—Tiempo que pasó, cosas que sucedieron en él.

Paseo.—Sitio, lugar donde la gente va andando, paseando sólo para distraerse.

Pasos.—Pisadas, movimiento que se hace con los pies para andar.

Pastor.—Persona que guarda y cuida a los animales en el campo.

Patio.—Espacio descubierto, sin techo, en el interior de los edificios.

Peces.—Animales vertebrados que viven dentro del agua.

Pedazos.—Trozos, partes, porciones.

Peligro.—Que puede suceder algún mal o daño.

Pelo.—Cabello, vello de la cabeza.

Pensativa.—Ensimismada, absorta, embelesada, que piensa intensamente.

Pequeña.—De pocas dimensiones. De poca edad.

Perfumados.—Con un olor agradable, con perfume.

Permiso.—Autorización para hacer una cosa.

Perseguido.—Buscado, acosado, seguido.

Pésame (dar el).—Decir a los familiares el sentimiento que se tiene por la muerte de una persona.

Peste.—Enfermedad contagiosa y grave.

Picos.—Cimas, cumbres, cúspides agudas de las montañas.

Piedra (preciosa).—Tallada, se emplea para hacer joyas.

Pinos.—Árboles cuya madera es muy usada en carpintería.

Pitas.—Plantas.

Placer.—Alegría, contento, diversión.

Planes.—Proyectos, ideas, pensamientos.

Planos.—Papeles en que están representadas gráficamente las calles, edificios principales, etc., de una ciudad.

Plata.—Metal blanco y brillante.

Playa.—Orilla, ribera del mar o de un río grande, formada de arena.

Pobre.—Persona sin dinero, que no tiene lo necesario para vivir.

Poética.—Perteneciente a la poesía.

Popular.—Del pueblo, perteneciente a las costumbres y fiestas de un país o región.

Porvenir.—Futuro, tiempo que vendrá.

Posada.—Hotel, mesón, casa de huéspedes.

Pozo.—Hoyo profundo en la tierra con agua.

Pradera.—Campo llano y con hierbas.

Precauciones.—Prudencia, cuidado.

Precipicio.—Corte profundo en el terreno. Abismo, despeñadero, barranco.

Preocupa.—Importa, interesa.

Preparados.—Dispuestos de antemano.

Primavera.—Estación del año que sigue al invierno.

Primos.—Hijos del tío o de la tía.

Principal.—Fundamental, esencial, más importante.

Prisiones.—Cárceles.

Profundo.—Hondo.

Progreso.—Mejora, perfeccionamiento.

Propiedad.—Lo que pertenece legalmente.

Protegiéndolos.—Amparándolos, favoreciéndolos, ayudándolos.

Provincias.—Regiones, división administrativa.

Prudente.—Que evita el peligro.

Públicamente.—Delante de muchas personas.

Pueblo.—Gente de una población. Conjunto de personas de un lugar, región o país.

Puente.—Construcción de piedra, madera o hierro, que se hace sobre los ríos y otros sitios para poderlos pasar por encima.

Puñal.—Arma corta de acero, con punta aguda.

Pura.—Virgen, sin haber tenido relaciones sexuales con ningún hombre.

Quejidos.—Lamentos, voces lastimosas motivadas por dolor o pena.

Quemados.—Consumidos por el fuego.

Ramas.—Partes que nacen del tronco o tallo de una planta.

Raras.—Extrañas, extravagantes.

Rato.—Espacio corto de tiempo.

Rebaños.—Grupos de animales. Ganado.

Recién.—Nuevo, acabado de llegar o de hacer. Fresco.

Recompensa.—Premio, remuneración.

Reconocía.—Examinaba, miraba para ver su estado de salud. Recordaba.

Reconquista.—Expulsión de los moros de España. Volver a conquistar.

Recuerdos.—Impresiones que conserva la memoria de algo que ya pasó.

Reflejaban.—Se veían sobre la superficie del agua.

Refranes.—Dichos populares agudos y sustanciosos.

Refrescarnos.—Quitarnos el calor.

Refugio.—Lugar seguro para estar amparado, protegido.

Regar.—Echar agua sobre la tierra.

Reino.—Territorio sometido a un rey.

Remedio.—Cosa que sirve para reparar un daño.

Renunciar.—Dejar algo voluntariamente, no aceptar.

Repartí.—Distribuí entre varios.

Repetidas.—Vueltas a hacer o decir.

Representó.—Interpretó una obra teatral.

Rescates.—El dinero que se da para recobrar algo.

Resplandor.—Brillo, luz, esplendor.

Resto.—Parte que queda de algo. Restos humanos.

Resultado.—Consecuencia, efecto.

Retirarse.—Apartarse, separarse.

Reunido.—Juntado.

Rincón.—Ángulo que se forma entre dos paredes, lugar retirado, escondrijo, espacio pequeño.

Riquezas.—Bienes materiales, joyas, dinero, etc.

Rival.—Enemigo, contrario.

Rocas.—Piedras, peñas.

Rodando.—Dando vueltas, girando.

Romanos.—Pertenecientes a Roma.

Románticos.—Sentimentales, partidarios del romanticismo.

Ropas.—Vestidos, trajes.

Rosales.—Arbustos con flores.

Rotas.—Estropeadas.

Rubios.—De color claro, parecido al oro, al color amarillo.

Ruinas.—Restos de un edificio, ciudad, etc.

Sacristán.—El que ayuda al sacerdote en el cuidado de la iglesia.

Salón.—Habitación muy grande.

Santo.—Sagrado. Consagrado a Dios.

Sastre.—Persona que tiene por oficio cortar y coser trajes de hombres.

Satisfecha.—Contenta, complacida.

Sembrados.—Que contienen ya las semillas.

Sencillas.—Simples, sin artificios, modestas.

Sensible.—Fácil de conmover.

Sentí.—Percibí por medio de los sentidos.

Señalando.—Indicando, mostrando.

Serio.—Austero, severo, formal.

Sierras.—Montañas. Herramienta para cortar o dividir madera y otros cuerpos.

Siestas.—Echarse a dormir después de comer.

Sillón.—Silla de brazos, grande.

Situación.—Circunstancia de un determinado momento.

Sobraba.—Que había más de lo necesario.

Soldado.—Militar, el que sirve en la milicia, el que está haciendo el servicio militar.

Solitarios.—Faltos de compañía. Solos.

Soltera.—Mujer que no ha contraído matrimonio.

Sonido.—Ruido.

Sonriente.—Reír ligeramente, sonrisa.

Sonrosado.—De color de rosa.

Sorprendidos.—Asombrados, maravillados, coger desprevenidos.

Suave.—Blando, liso, grato al tacto.

Súbditos.—Personas sujetas a la autoridad del rey.

Sucesor.—Persona que ocupa después que otra el mismo puesto, el mismo trabajo.

Sucia.—Que tiene manchas o impurezas.

Sueldo.—Dinero que se da a una persona por su trabajo.

Suerte.—Casualidad, circunstancia, encadenamiento de los sucesos favorables o adversos.

Surtidores.—Fuentes.

Suspiro.—Aspiración lenta y prolongada producida por una emoción honda.

Tambores.—Instrumentos musicales de percusión de forma cilíndrica y cubiertos con piel estirada.

Tartamudo.—Persona que lee y habla con pronunciación entrecortada y repitiendo las primeras sílabas de las palabras.

Techo.—Parte superior de un edificio o de una habitación que lo cubre.

Tela.—Tejido.

Temblar.—Agitarse con movimiento repetido y continuado.

Teñía.—Pintaba.

Terco.—Obstinado, testarudo.

Terraza.—Parte superior de un edificio que está descubierta, sin tejado.

Terremotos.—Sacudidas, movimientos de la superficie de la tierra.

Terror.—Miedo grande.

Tesoro.—Cantidad de dinero y cosas preciosas reunidas y guardadas.

Tiempos.—Otras épocas.

Tímido.—Vergonzoso, temeroso.

Tinajas.—Vasijas grandes, más anchas por el medio que por el fondo.

Tío.—Hermano o primo del padre o de la madre.

Típico.—Característico de una región o país.

Título.—Nombramiento, condecoración, dignidad.

Tocaba.—Hacía sonar un instrumento musical.

Tocador.—Habitación o mueble para el peinado y aseo de la persona.

Tradición.—Costumbre conservada, hábito que se transmite de padres a hijos.

Traidor.—Persona que viola la fidelidad o lealtad a otra.

Tranquilo.—Calmado, sosegado.

Trasladarme.—Irme de un sitio a otro. Mudarme.

Tribunal.—Lugar donde los jueces administran justicia.

Trompetas.—Instrumentos músicos de viento.

Tropas.—Ejército, soldados.

Tropezar.—Dar con los pies en algún estorbo.

Trueno.—Ruido de una descarga eléctrica.

Tumbaron.—Derribaron, hicieron caer.

Turbante.—Tocado oriental que consiste en una faja arrollada alrededor de la cabeza.

Única.—Sola en su especie, rara, extraordinaria.

Útil.—Que puede servir, que produce provecho.

Vacías.—Que no contienen nada.

Valles.—Tierras rodeadas de montes.

Vaso.—Vasija, generalmente de cristal.

Vecindad.—Conjunto de personas que viven en una misma casa.

Vecinos.—Personas que viven con otras en un mismo pueblo, barrio o casa.

Vega.—Tierra baja, llana y fértil.

Vegetación.—Conjunto de vegetales de una región.

Velas.—Trozos de cera, para dar luz.

Velos.—Prendas de tela delgada con que las mujeres se cubren la cabeza.

Ventana.—Abertura en la pared para dar luz y ventilación.

Verso.—Forma poética de lenguaje.

Vestíbulo.—Entrada de un edificio.

Viejos.—De mucha edad. Muy usado.

Vigilan.—Miran, cuidan.
Violentos.—Que obran con ímpetu y fuerza.
Violín.—Instrumento músico de cuerda y arco.
Virtuosa.—Bondadosa, buena.
Vivienda.—Casa, domicilio.
Vizcaíno.—Perteneciente a Vizcaya.
Vulgar.—Común, general, ordinario.

Zorra.—Animal carnicero de gran astucia. Persona astuta y solapada. Prostituta.
Zurdo.—Que usa la mano izquierda con preferencia a la derecha.

EJERCICIOS DE COMPRENSIÓN

1.—¿Qué hicieron con su equipaje el autor de *Cuentos de la Alhambra* y su amigo, cuando salieron de Sevilla hacia Granada?

2.—¿A quién invitaron a merendar a la caída de la tarde?

3.—¿Quién era la persona que cuidaba las habitaciones, los jardines y enseñaba el palacio a los visitantes?

4.—¿Qué ruidos oyó el autor del libro la primera noche que durmió en las habitaciones llamadas «Mirador de las reinas moras»?

5.—¿A quién encontró el autor de *Cuentos de la Alhambra,* sentado junto a la fuente del «Patio de los Leones»?

6.—¿Por dónde sacó a Boabdil su madre, para que no le matara su padre?

7.—¿Por qué le llamaban «el Zurdo» al padre de las tres princesas, Zayda, Zorayda y Zorahayda?

8.—¿Qué carácter tenía la princesa Zayda?

9.—¿Qué instrumento musical tocaban los tres caballeros españoles que estaban enamorados de las tres princesas?

10.—¿Qué instrumento musical tocaba la joven Jacinta?

11.—¿Cómo murió el asesino del rey que terminó la Alhambra?

ÍNDICE